共情式管理

方 伟 著

中华工商联合出版社

图书在版编目(CIP)数据

共情式管理 / 方伟著. —— 北京：中华工商联合出版社，2022.7
ISBN 978-7-5158-3513-6

Ⅰ.①共… Ⅱ.①方… Ⅲ.①企业管理－研究 Ⅳ.①F272

中国版本图书馆CIP数据核字（2022）第 117863 号

共情式管理

作　　者：	方　伟
出 品 人：	李　梁
责任编辑：	胡小英
装帧设计：	华业文创
责任审读：	付德华
责任印制：	迈致红
出版发行：	中华工商联合出版社有限责任公司
印　　刷：	三河市华润印刷有限公司
版　　次：	2022 年 8 月第 1 版
印　　次：	2022 年 8 月第 1 次印刷
开　　本：	710mm×1020mm　1/16
字　　数：	145千字
印　　张：	16
书　　号：	ISBN 978-7-5158-3513-6
定　　价：	48.00 元

服务热线：010－58301130－0（前台）
销售热线：010－58302977（网店部）
　　　　　010－58302166（门店部）
　　　　　010－58302837（馆配部、新媒体部）
　　　　　010－58302813（团购部）
地址邮编：北京市西城区西环广场 A 座
　　　　　19－20 层，100044
http://www.chgslcbs.cn
投稿热线：010－58302907（总编室）
投稿邮箱：1621239583@qq.com

工商联版图书
版权所有　侵权必究

凡本社图书出现印装质量问题，请与印务部联系。
联系电话：010－58302915

前 言
PREFACE

薪水不低，福利不少，就是留不住人；

百般呵护，万般讨好，却换不来员工与自己一条心；

团队内部冲突不断，内耗严重，难以消解；

员工懒惰松散，执行力差，常常无法如期完成任务；

……

这些都是管理者在经营中最常遇到也最为头疼的问题。归根结底，这些问题都是管理者没有处理好自己与下属之间的关系而引发的。管理的一大核心，就是处理人际关系，目的是激活人，让团队中的每个成员都动起来，而要实现这一目标，唯有共情！

共情，英文为"empathy"，又译作同理心、感情移入、同感等。所谓共情，即设身处地地将自己代入到对方的位置，体会对方的情绪、想法，理解对方的立场、感受，并站在对方的角度去处理问题。所谓共情管理，即管理者收起对下属的指指点点，设身处地地体验下属的处境、感受，理解下属的情感，并能在下属遇到挑战和困难时，给予真诚的关心、鼓励和指导。

在企业的日常管理中，共情管理涉及沟通、激励、说服、关怀、训导和倾听等内容。

共情式沟通

管理者与下属沟通时，会不自觉地站在高位传递信息，而完全不管不顾下属是否可以接受。这就容易造成信息在传递过程中发生扭曲，进而带来不必要的麻烦，出现信息的不对称。所以，管理者要学会使用下属听得懂的语言与对方沟通。

共情式沟通的关键也体现在对下属人格的尊重上。比如，给予下属充分的表达空间，能够耐心听完他想说的，而不是急于去表达自己对这件事的看法。即便下属与自己的看法不一致，也要以包容的态度去理解和接纳。就算下属的意见有误，说一句"好的，我会认真考虑你的想法"，也是对下属的一种尊重。

共情式激励

管理者采取的一些激励手段之所以被下属戏称为"画饼"，其根源就在于团队利益与个人利益的混淆，促使下属并不能将当下的工作视为自身事业的一部分，拒绝一切与谋求个人利益无关的事情，进而导致管理者的期望如镜中花、水中月。

共情式激励的关键在于"欲"，深入分析下属的欲望，满足对方的潜在需求，才能做到有效激励。比如，给予下属足够的信任，使其内心的被认可欲得到满足，从而调动其工作积极性。面对下属的失误，秉持一种宽容的态度，避免以批评和惩罚为主的警示，导致下属自怨自艾。

共情式说服

管理者以高姿态刻意彰显自身权威的方式，是说服难以取得成效的一大因素。独断专行的强势态度往往令下属感到抗拒和不满，在高压环境下，双方之间的交流与沟通只会变得更为艰难。因此，管理者一定要营造一种平等的沟通氛围。

除此之外，了解下属内心的真实想法也是管理者需要做的工作。满足下属的潜在需求，才能"晓之以理，动之以情，许之以利"。说服下属时，管理者站在对方的角度观察、思考和分析问题是很有必要的。只有了解了被说服对方内心的真实想法，管理者才能赢得对方的信任，让对方接受自己的意见，共情式说服才具有真正的说服力。

共情式关怀

管理者对下属的关怀是拉近双方心理距离的最佳手段。管理者的关怀不能只停留在口头上，甚至虚与委蛇，应设身处地地了解对方的需求与困难，及时给予帮助和开导。比如，懂得让下属发泄不满，并用恰当的方式化解对方的怨气。在患病、生日等特殊时间节点，向下属表达自己的关怀之情等。这些付出看似微不足道，却能换来下属的强烈认可和尊重。

共情式训导

批评和处罚能否取得最佳效果，关键在于管理者对这场训导的态度。如果只是一味发泄内心的不满和怒气，旨在贬低和打压对方，那么训导将毫无意义。无论是批评还是处罚，都应该是管理者对下属的一种警示，帮助对方认识到自己的错误并加以纠正。盲目的宣泄只会让对方将关注的焦点集中在管理者对自己的否定上，并不能很好地意识到自己所犯的错误。

共情式训导要求管理者以帮助下属认识并纠正错误为核心，采取妥善的方式对下属进行引导。比如，选择恰当的场合和时机对下属进行批评，在批评的过程中怀有善意，传递期望等。

共情式倾听

耐心倾听是了解一个人所思所想的最佳方式，而共情式倾听则是管理者在沟通中营造一种轻松和谐的氛围，让下属卸下防备，勇于表达内心的真实想法。

本书从真实的工作场景和运营案例入手，将管理者在工作中遭遇的困难，如上下离心、沟通不畅、负面情绪泛滥、人际关系复杂、效率低下等症结，层层展开，深入剖析，发掘管理者与下属之间出现对立情绪的根本原因，并针对性地给出实战技巧，助力管理者摆脱命令、训斥、操纵等低效的"家长式"管理方式，建立追求自主管理、自由创造、充分参与、自愿分享、有成就感和创新空间的智慧型团队，构建"亦师亦友"的上下级关系，掌握具有超强牵引力的管理手段。

目 录
CONTENTS

第一章　真正决定管理效果的，是共情力　　001

1. 管理者的共情力决定下属的执行力　　002
2. 管理者的共情力决定下属的士气　　006
3. 管理者的共情力决定下属的满意度　　010
4. 管理者的共情力决定下属的积极性　　014
5. 管理者的共情力决定下属的凝聚力　　018
6. 管理者的共情力决定下属的工作效率　　022

第二章　共情式沟通，上通下达打造高效团队　　027

1. 沟通的关键，让下属听得懂　　028
2. 采取开放式而非封闭式沟通　　033
3. 换位思考，消除沟通中的对立情绪　　037
4. 不学"霸道总裁"，允许下属表达意见　　042
5. 迂回提出建议，不跟下属争论对错　　047
6. 坦言自己的决策失误，更得人心　　051
7. 真正平等的沟通，是建议而非命令　　055

8. 先入为主的偏见，往往导致错误判断　　059
9. 做有亲和力的管理者　　063

第三章　共情式激励，迅速强化执行力　　067

1. 目标：利用共情效应达成上下同欲　　068
2. 信任：放手让下属自己去干　　072
3. 赞美：打动下属最好的方式　　076
4. 安抚：缓解下属的负面情绪　　081
5. 接纳：用人不可求全责备　　085
6. 包容：给下属犯错的机会　　088
7. 考核：让员工有"奔头"的绩效管理　　092

第四章　共情式说服，构建双赢的上下级关系　　097

1. 说服前，先了解下属内心的想法　　098
2. 放低说服的姿态，给下属以自尊　　101
3. 满足潜在的诉求，让员工自动自发　　106
4. 推心置腹讲厉害，打动下属的心　　110
5. 求同存异，达到下属的目的　　113
6. 幽默式拒绝，让下属欣然接受　　117
7. 给下属一个台阶，不动声色地说服　　121

第五章　共情式关怀，提升团队向心力　　125

1. 叫得出每个下属的名字　　126
2. 察言观色，细微之处关怀下属　　130
3. 化解怨气，让下属把不满说出来　　134

4. 抓住特别的机会，向下属表达关心　　138
　　5. 关心下属，更要关心下属的家人　　142
　　6. 不要过度关心下属的朋友圈　　146

第六章　共情式训导，让批评更易被接受　　149

　　1. 对下属的批评要尽显善意　　150
　　2. 顾及下属自尊，避免口不择言　　154
　　3. 责人之前先责己　　158
　　4. 轻话说重，重话说轻　　162
　　5. 保龄球效应，用赞扬代替批评　　166
　　6. 选择恰当的时机和场合进行批评　　170
　　7. 巧妙暗示胜过当面指责　　173
　　8. 在尊重下属中传递期望　　177
　　9. 要一碗水端平，不可厚此薄彼　　181
　　10. 批评后的鼓励才是重点　　184

第七章　共情式倾听，满足需求赢得信任　　187

　　1. 倾听中的正确插话　　188
　　2. 善于听出下属的言外之意　　192
　　3. 兼听则明，偏听则暗　　196
　　4. 真话，管理者敢听，下属才敢说　　199
　　5. 倾听中使用恰当的肢体语言　　202
　　6. 借助提问，引导下属思考解决问题　　206
　　7. 巧妙地表达不同意见　　210

第八章　提升共情力的八项修炼　　　　　　　　　　215

1. 专注力修炼：放下手机，把目光放在下属身上　　216
2. 观察力修炼：3分钟读懂他人需求　　　　　　　　220
3. 自控力修炼：学习驾驭自己的情绪　　　　　　　　224
4. 敏感力修炼：觉察他人情绪的蛛丝马迹　　　　　　228
5. 尊重力修炼：接纳差异，包容不同　　　　　　　　232
6. 理解力修炼：体谅他人的能力　　　　　　　　　　235
7. 换位思考力修炼：站在对方的角度思考问题　　　　238
8. 自我觉知力修炼：给自己一点停顿的时间　　　　　242

第一章
真正决定管理效果的，是共情力

共情管理本质上就是人性管理。管理者对于团队中的所有人员以及各种资源实现最优配置和驱动，从而将形形色色、风格迥异的团队成员有效地组合起来，让团队具有更强大的凝聚力和执行力，这就是共情管理的本质体现。

1. 管理者的共情力决定下属的执行力

一个团队的优秀，表现在拥有正确且独特的价值观和强悍的执行力。一些管理者在借鉴优秀团队的经验时，往往着眼于表象，生搬硬套，导致很多下属在管理者的苦口婆心之下，依然无动于衷。实际上，管理未见成效的根源就在于管理者缺乏共情能力。

管理者因缺乏共情而影响下属执行力的最典型表现就是："画饼""灌鸡汤"和不兑现承诺。三者的相似之处就在于，管理者在无视下属需求和感受的过程中丧失了下属的信任，导致管理者的言论被大部分下属"视之如草芥，弃之如敝屣"。

比如，"不兑现承诺"，管理者以激励下属为目的，作出加薪或提成的承诺。当下属完成既定目标后，向管理者汇报："经理，你说过只要我们能在月底之前完成项目，就可以给我们每一个人加薪5%，对吧？"

此时，管理者的目的已经达到，就开始找借口："你知道公司有自己的一套关于薪金和晋升的规定和程序，并不是我可以随意更改的，这样吧，我向总部申请一下，试试看。"

而下属则心生不满，不依不饶："经理，我们可是在您的鼓励下才加班加点完成的，很多同事甚至带病工作，你让我怎么和他们交代？"

而管理者只能继续安抚："没事，我一定会向总部申请的，表彰你们的辛苦工作，一定会的，我保证。"

"轻诺必寡信"是亘古不变的道理。如此一来，管理者以激励为目的的任何承诺和措施都将被视为谎言，也就再也无法提升下属的执行力。

而"灌鸡汤"则是管理者试图以言论诱导下属。一些管理者习惯在早会上和下属空谈理想，比如，强调奉献精神，提倡加班文化，突出工作危机感，频频以华为等企业员工通宵达旦加班为例子进行说教。

然而，管理者根本就意识不到下属内心所关注的点，华为员工之所以加班，是因为优秀的企业文化和高额的薪资回报；马云的员工之所以不离不弃，是因为他们看到了行业的前景。实际上，管理者自以为激情的演讲对下属来说，根本毫无营养。

"画饼"也是如此，管理者由于缺乏共情力，所画的"饼"也不过是自己想吃的，而不是下属想吃的。双方处于不同的立场，自然所关心的点是不一样的。管理者关心企业能够快速发展，获得更高的利润，而员工却关心当企业发展之后，自己的薪酬、职位和能力会不会得到相应的提升。如果管理者只是一味强调行业前景、企业发展，而无法明确员工最终获得的好处，即使这个"饼"画得再大，也不会对下属产生吸引力。再者，就是管理者经常"画饼"，但下属却总是吃不到"饼"，当下属真正做到管理者所期望的行为后，并没有得到相应的赞赏、鼓励和认可，更不要说激励奖金。如此一来，下属就更不愿相信管理者最终描绘的美好未来了。

无论是"画饼"，还是"鸡汤"本质上都没有问题，如果未来没有一丝希望，又怎么能激发下属的执行力呢？法国作家安托万·德·圣·埃克苏佩里曾说："假如你想造一条船，请尝试别去招募雇员收集木材，也不要给他们指派任何任务和工作，而是去教他们向往浩瀚无垠的大海。"其中的关键就在于，管理者需要挖掘工作对员工的意义，他们是渴望更多的钱、更高的职位，还是一种满足虚荣的成就感，然后再根据他们需求"画饼"，并且在不断刺激的过程中也要让他们吃到"饼"。

一家企业的销售部在年初制定计划时，为了增加新产品的销量，规定本年度达成130%的销量就发放双倍奖金。然而，新产品的销量远超预期，半年的时间就已经超过了既定目标。按照这个趋势，即使销售员工下半年不工作，也能够拿到高额的奖金。

在很多员工认为公司高层决策失误，很可能会放弃奖金发放。但管理者并没有食言，不仅提前发放了一部分奖金，还借此调整销售目标，并承诺如果年底做到新的目标，还能够拿到更多的奖金。这就使得员工并没有因为拿到既定目标的奖金而放弃努力，反而执行力越来越强，在年底时，销售业绩超过了既定目标的两倍。

因此，管理者需要懂得挖掘下属的需求，避免因空泛的承诺和脱离实际性的期望使得下属对管理者失去信任，削弱执行力。

2. 管理者的共情力决定下属的士气

管理学家卡特·罗吉斯曾说："如果我能知道他表达了些什么，如果我能知道他表达的动机是什么，如果我能知道他表达之后的感觉如何，那么我就敢信心十足且果断地说，我已经充分了解他了，也能够有足够的力量影响并改变他了。"然而，大多数管理者并不能理解下属的难处和苦衷，一味地批评和打击，从而使整个团队的士气变得低迷。

在电视剧《穆桂英挂帅》中，一位将军在肆意鞭打着士兵，并向周围的人抱怨说："看看他们的熊样子，能有战斗力吗？如果不严厉地处罚他们，他们就会像瘟疫一样，将失败的情绪传染给整个部队。"

在将军的视角中，他看到的是战时退缩，是弃城而逃，萎靡的情绪影响了整个军队的气势。而穆桂英却阻止了将军的行为，解释说："士兵们个个都是好样的。辽兵攻城之时，将领率

第一章
真正决定管理效果的，是共情力

先弃城逃跑，责任不在他们。他们既然没有逃回家乡，也没有投降辽军，怎么能算是逃兵呢？"

穆桂英的一番话，道出了士兵的委屈和处境，使得被当作逃兵的士兵得到了理解和认可。如此一来，被处罚的士兵的抱怨和委屈瞬间化为乌有，随之而来的就是感恩和斗志。这也就是所谓的"士为知己者死"。在企业中也是如此，如果管理者能够理解下属的所想、所需，尤其是理解下属的苦衷，通过共情式沟通使得彼此之间的相处更为融洽，那么，整个团队也会变得士气高涨。

比如，一名员工经常迟到，公司的处罚制度也无法杜绝这种现象。通过深入了解，管理者得知这名员工的住所距离公司有十几公里，每天花在路上的时间需要一个多小时，而且由于地处郊外，公交也不准点。管理者对他的情况也表示理解，并未严词批评对方，只是不断在做一些善意的提醒，比如："每天早出门十分钟就能坐上上一趟公交车，就不会迟到了。"

一件事情因当事者所站角度不同，为人们带来的感受也就不同。管理者的行为表现出了体谅，并给出了自己的建议，但问题依然没能得到解决。因为管理者并没有切身体会到对方的感受，让对方见到你真正的关切，更没有让对方意识到迟到并不是罚款能够解决的。

所谓共情，不仅是自身能够理解对方，更要让对方感受到自己的理解。对于上述情况，一位拥有共情能力的管理者作出了最佳的选择。他在下班之后开车带这名员工回家，真实地体验了一次员工所面临的困难。在这个过程中，通过深入沟通，管理者不仅让员工看到了自己的真诚，还让员工真正理解了"迟到非小事"的含义，认识到只有从内心深处表示拒绝，才能真正避免迟到的情况。同时，管理者的理解和宽慰也能够让对方放下内心的包袱和杂念。

主动体谅和理解员工，洞察其背后的难处，才能得到最终的互相理解。而一些管理者的种种措施之所以会导致下属失望，就是因为管理方式不当，不能正确理解下属，使彼此之间的心理距离越来越远，从而整个团队的士气都变得低迷。

员工犯错后，不问缘由，当即处罚

一些脾气较差的管理者，因无法管理自己的情绪，当员工犯错时，根本不给员工解释的机会，破口大骂，甚至意图辞退对方。

员工生病时，不管不问

一些管理者在员工生病时，只是象征性表达一下关怀，其重心依然放在工作上，甚至为了避免工作受到影响，而迫不及待地和对方讨论离职的问题。这种行为在其他员工看来，往往会显得不近人情，寒了周围人的心。

无视员工出现的特殊情况

一些管理者为了抓业绩，完成老板交代的任务，完全不顾及员工的身体健康，即使员工生病了，也强行要求对方完成任务。或者，员工因私事导致情绪低落，管理者立刻给予严厉的批评，并表示不希望对方把个人情绪带入工作中。管理者的冷漠在一定程度上会令员工心寒，面对工作更加提不起斗志。

因此，作为一个管理者，虽然在职场中一定要以结果为目的，但在此前提之下，也能够客观、直接地理解员工的难处，让对方感受到管理者的关怀。如此，员工即使不用管理者督促和激励，也能够全身心地投入到工作当中。

3. 管理者的共情力决定下属的满意度

很多管理者经常抱怨员工不配合自己，管理工作越来越困难。一些员工表面上顺从，暗地里却咒骂管理者自私自利，不近人情，工作也变得拖沓、懈怠。出现这种情况的原因并非管理者业务能力不足、管理手段不佳，其根源在于管理者缺乏共情能力。

如果管理者不懂得共情，就无法在与下属相处时，体会对方的情绪和想法，理解对方的立场和感受。这也就导致了管理者带有强烈个人主观意愿的言辞和举动，会使下属感到不满，甚至是厌恶。

李楠十分反感自己的经理，认为对方完全不在乎下属的感受。一次，她为一个项目申报材料，在纸质材料已经提交的情况下，客户又要求补充材料。李楠及时向经理反馈，询问是否存在相应的辅助材料。而经理却回答说："这个我没有办法，我不太清楚。"将烂摊子丢给了她，她偶尔会向同事抱怨，为什么一个领导能够把话说得如此理所当然。

部门经理还拥有强烈的控制欲，把握着部门的所有资源，即使公司内部人员进行资料交接，都需要向他进行汇报。由于工作的特殊性，一些材料送往外地，员工申请用车，也经常会遭到经理的拒绝，甚至某些员工生病后，他依然要求对方晚上加班，丝毫不近人情。

经理推脱责任也是一把好手，由于他掌握着部门大部分资源，使得员工的工作程序太过冗长，导致一些重大项目错过申报时间，为公司造成了巨大的损失。而他却将这个错误完全归咎于某一个下属，推脱自己的责任。

无法否认，管理者和下属之间永远存在一条无形的鸿沟，这是由于职位上的差距、管理和被管理的角色关系所导致的。缺乏共情能力的管理者之所以令人反感，就是因为太过在意职位带来的权力和管理者身份所具备的优越感，从而忽视下属的感受，使彼此之间的"鸿沟"越来越大。那么，管理者什么样的行为会令员工产生不满情绪呢？

占用下属的私人时间，暗示或强制加班

在一些管理者眼中，工作和生活没有明显的界线，甚至认为工作就是生活。在临近下班的时候，管理者开始安排新的任务，要求员工加班，且不容对方拒绝。但是，每个人都有自己的时间安排，也许在临近下班时，员工正在考虑去吃什么、玩什么，而管理者的指令会打破下属对美好生活的期待，使其对此心生不满。尤其是在一些特殊的日子，比如，情人节、七夕节等。一些员工已经准备好当天晚上的约会，却会被管理者的一句"今晚加班，什么时候做完工作，什么时候下班"搞崩溃。

"明哲保身"，只懂得维护自己的利益

当部门之间发生冲突时，管理者不去维护下属的利益，反而以批评下属作为"台阶"，先将整个事件平息下来，避免对自己的身份地位产生不利影响。此时，下属的行为是对是错已经不重要了，管理者站在别人的立场来对待自己的下属，用以保全自己，会逐渐失去人心。

工作计划性低，想起一出是一出

管理者随心所欲的指挥是下属最讨厌的事情之一，当下属通过思考、讨论、计划之后，刚刚进入工作状态，管理者的一道指令就使得整个任务需要推倒重来。然而，在管理者的一番指手画脚后，出现了严重的问题，管理者就又会将"锅"甩给下属，训斥说："谁让你这么做的？"

而下属会作出解释："领导，是您让我这么做的。"

此时，管理者就会含糊其词，以批评为重心："胡说八道，我是让你这么做的吗？行了行了，别说那没用的了，赶快调整一下吧。"

无论管理者是疏忽，还是基于某些原因的顾虑，都无法给下属留下一个好的印象。比如，一名咖啡店的员工在假期到来之际，计划将咖啡店装饰一番，来显现节日的气氛，并主动提议管理者自己可以加班完成这项工作。然而，她并没有做过类似的装饰工作，不了解具体应该做什么，但管理者只是鼓励说："加油，你可以的。"

在经过一番装饰之后，她确认没有问题就下班了。第二天，她却发现所有的装饰都被人重新摆放过了，而见到管理者时，对方的第一句话就是："你所有的装饰都摆放错了，你没有按照书上的要求做。"

员工一头雾水地问道："什么书？"

而管理者突然意识到这件事，解释说："我的车上有一本关于这方面的书，可能是我忘记给你了。"

即使管理者对这件事作出了解释，但员工一整天都沉浸在沮丧的情绪中。也许管理者并非有意，遗憾的是，员工并不知道管理者的意图，他们只看到了管理者的行为。这也是为什么很多时候管理者会意识不到自己已经对下属造成了伤害，还不停抱怨员工敌视自己，不配合自己的原因。

4. 管理者的共情力决定下属的积极性

　　员工是企业之本，如何让员工热爱工作，是管理工作中的一大重点。然而，一些管理者往往会由于缺乏共情力而忽视员工的潜在需求，导致在工作中不断挫伤员工的工作积极性。

　　一家公司在激烈的市场竞争中濒临破产，管理者向行业前辈请教良策。对方认为公司业绩太差的原因在于员工太过懒散，工作积极性不高，建议他恩威并施，来调动员工的工作积极性。

　　但由于管理者急于改变现状，进行制度改革，强化约束力，从而忽视了员工的感受。在一次例会上，他严厉地说："我最后一次重申，无论是会议还是上下班，我都不想再看到迟到的现象，无论你出于什么原因。如果谁做不到，我就请他走人。"

　　然而，公司的岗位职责、目的和工作流程依然模糊，各个中层管理人员相互推诿。为了激发员工的工作积极性，管理者削减掉员工的一部分工资，将其作为绩效奖金，并承诺奖金的额度会很高。

这一举措引得全体员工怨声载道，纷纷表达自己的不满：一位技术员抱怨说："真是疯了，我讨厌这里的一切，工作增加了难度，工资却下降了。"一个采购员抱怨说："他将原料成本降低了20%，还承诺我如果能够完成既定目标，就可以获得高额的奖金。对于当下的市场来说，根本就是一件不可能的事。他还威胁我如果办不到就开除我，看来，我应该另谋出路了。"

在管理方式上，如果管理者缺乏共情力，一味忽视员工的基本需求，就会对员工的工作积极性产生负面影响。比如，管理者一方面指责员工的业绩差，效率低，一方面在日常生活中增加各种复杂冗长的交接班流程，开展毫无意义的早会、工作交流会、意见反馈会等。

一些管理者甚至剥夺了员工的私人时间，当自己的大脑中灵光一闪，发现了工作的疑点或想到了更为合理的方法时，不管是假期还是周末，直接一通电话打过去，给员工安排相应的工作。

对员工而言，薪资和待遇是工作中的个人需求重点。有的管理者只是一味地谈论工作的意义，对部门和企业的影响，将对员工的薪资问题一笔带过，告诫员工"不要动不动就谈钱，经验也很重要"。但是，员工工作的第一动力其实就是薪资和待遇，管理者口中的梦想和前途都是建立在薪酬基础之上的。讲的俗气一点，就是"钱没到位，干什么都没劲"。

缺乏共情的沟通方式，也会打击员工的工作积极性。比如，一些管理者喜欢给员工提意见。当员工和管理者说："经理，关于这个项目，我有一些想法……"管理者回答说："想法很好，但是，我觉得你……效果会更好一点。"

在大多数管理者看来，自己并没有否定对方的意见，但实际上"但是""然而"等带有转折的词汇会使得员工关注"但是"之后的话，使自己的热情被扑灭。

管理者的冷漠也是如此。如果某位员工拿下了一个大单，在兴高采烈地向管理者汇报时，管理者简单的一句"我知道了"，会使得员工下意识地认为管理者无视自己的努力，不在意自己的成绩。久而久之，员工和管理者之间的交流也会越来越少，工作积极性也就越来越低。

当员工向管理者提出某些想法时，出于各方面的考虑，管理者需要指出员工所忽略的点，一些管理者为了显示权威或展示自己的才学和眼界，会反问："你想过这件事没有？你想过那件事没有？你的想法根本就行不通。"即使管理者的目的在于提醒员工思考问题要全面，但带有明显否定性质的表达会严重打击员工提建议的积极性。除此之外，还有"我不明白你在说什么""你直接说重点"等，管理者的本意是想要告诉员工"你的表达缺乏逻辑",却会让对方感受到一种指责的意味,导致员工认为自己不管准备得多充分,也不会受到重视。

对于管理者而言,比起如何激励员工,让员工充满动力,找到日常工作中扼杀员工积极性的原因也尤为重要。只有懂得共情,重视员工的感受,才能够有效避免因管理或沟通不当,打击员工的工作积极性。

5. 管理者的共情力决定下属的凝聚力

一个团队是否真正具有凝聚力，关键在于管理者是否拥有共情能力，是否做到了团队内部的深入沟通。只有团队成员归属性强，愿意参与团队工作并承担相应的相关责任，维护团队利益和荣誉，才能够使得团队拥有超强的凝聚力。而造就这一局面的前提，就是管理者一定要身先士卒，为下属树立榜样。

一些管理者总是抱怨下属态度敷衍，团队缺乏凝聚力，其根源就在于管理者没有权威。权威的核心是一个人的人格魅力，而并不是手握的权力。在一些企业中，管理者往往以权势来压迫下属，试图借此树立自己的权威，比如，经常使用一些威胁的语气和言辞对下属进行工作安排和谈话，"如果你不能按时完成，你就给我走人""你应该明白你的处境，如果你不按照我的要求把事情做好，你就要走人"等。这种行为虽然能够在最短的时间使下属按照自己的意图进行工作，但下属毕竟只是畏惧管理者手中的权力，不得不顺从。久而久之，团队的士气就会变得低落，缺乏凝聚力。如果管理者以手中的权力作为武器，毫不顾忌下属的需求和感受，一旦下属出现对立情绪，出现怠惰、敷衍的情况，工作就难以正常开展。

以"权"立"威"，往往会降低管理者在下属心中的好感度，使双方逐渐丧失深入沟通的机会。而以"威"强"权"才是正确的共情管理方式，下属顺从管理者的意愿，听从管理者的指挥，并不是因为畏惧他手中奖惩的权利，而是发自内心的信服和敬仰。因此，管理者权威的树立，是需要自己的共情能力去理解、接纳和引导下属，收获下属的信任，而并非单纯依靠各种行政手段来约束下属必须服从自己。

比如，一家公司的经理脾气十分暴躁，经常依仗自己的权力在办公室大发雷霆，并扬言将不服从自己的员工开除。一开始，所有的员工都小心谨慎地做事，避免触怒经理，然而经过一段时间的相处，员工发现经理不过是以发脾气的方式树立权威，让所有人顺从他而已。

于是，很多员工继续我行我素，并将经理发脾气的行为当作日常的"乐子"。因为，经理的举动在所有人眼中不过是在彰显自己的地位，对员工的工作并没有什么建设性或指导性的作用，无法使员工信服。

现代管理学研究认为："管理者不单单是一种职位或权力，

在很大程度上应该是一种影响力。无论是否有特殊的职位,任何人都可能在某些时刻对他人产生影响力,这种影响力的关键也在于'威'的确立。由'威'带来的'权',才能真正称得上领导的艺术,让下属心服口服。"

李离是春秋时期,晋国的司法官。他因为误判案情而错杀了人,于是将自己关起来定了死罪。晋文公劝解说:"官有贵贱之分,处罚有轻重之分。这件事是下级官员的责任,并不是你的过错。"

李离回答说:"我担任的官职是司法官,没有让位给下级官员;享受的俸禄比他们高,也没有和他们平分过利益。现在我错误地听从了下级的汇报而错杀了人,却将责任推脱到下级官员的身上,这是不对的。"

晋文公问道:"你如果自以为有罪,我也有罪吗?"李离回答说:"法官应该遵守法纪,误判刑法也应该处罚自己,误判他人死罪就应该判自己死罪。您因为我能观察到不明显的细节和判决疑难案件,所以让我当法官。现在我错误地听取下吏的汇报而错杀了人,罪责应当死。"于是,自刎而死。

管理者想要树立威信,必须要做到以身作则,勇于承担责任,并且要事事为先、严格要求自己,做到"己所不欲,勿施于人"。除此之外,管理者也需要在本职工作上做到"以身作则",即下属不会做的自己会做;下属做不好的自己能做好;下属不愿做的你愿意做等,以实力和气度来为所有下属作出表率。当然，让管理者拥有足够的威望还包括很多方面，比如沟通能力、智慧、决策、冒险精神等。

总之，一旦管理者通过自己的表率树立起在下属心中的威望，让下属感受到自己的理解和大度，就能够收获下属的信任，就更容易做到团队间的深入沟通，大大提升团队的凝聚力。

6. 管理者的共情力决定下属的工作效率

所有管理者最头疼的事莫过于员工执行力差、效率低，经过多次培训也未能有所改善。有时候，员工执行力不足并不只是个人态度问题，也可能是因为管理者的管理和沟通方式出现了失误。

王皓在工作之初，一直如履薄冰，却经常遭到领导的训斥。第一次是关于"笔记本"的问题，领导交代王皓将自己的笔记本送到会议室，他询问是否需要带上充电器，领导一头雾水，转而训斥说："我如果需要笔记本电脑，会直接告诉你需要电脑。"

第二次，公司的员工一起外出，因现场没有停车场，规定一律乘坐公司的大巴。但此时，几位来自合作公司的高管正在公司学习，王皓向领导请示，来公司学习的高管如何安排？领导表示他们和自己一起坐公司的车。出发时，他将几位高管请上了大巴车赶往目的地，却一直不见领导的踪影，后来才知道公司特地安排了司机开小车送几位高管。

上述案例的几个指令存在一个共同点——笼统。管理者在传递自己的意愿时，所给出的信息太过模糊，无法让员工正确理解和掌握他的意图，使其将大量时间浪费在揣摩管理者心思上，进而一头雾水地去执行，自然会出现南辕北辙的结果。

大多数管理者在下达指令时最常说的一句话就是："不要让我再说第二遍。"这是对自身权威的一种展示，也是一种缺乏共情的表现。

阿尔伯特·哈伯德有一部小说名为《把信送给加西亚》，讲述了一名年轻中尉——安德鲁·罗文不推诿、不谈条件，以绝对的忠诚和责任感完成了这个使命，将信交给了加西亚。而这个故事也成了诸多管理者在讲述执行力时的经典案例。罗文在接过信的时候，没有问任何问题，但如果传递给他更多的信息，比如，加西亚是谁？长什么样子？会不会缩短送信的时间？每个人都希望对方能够理解自己的意思，可实际上，仅凭一两句模棱两可的话，一个意味十足的眼神真的能解决问题吗？显然是不能的。

樊登在一场读书会上分享过一个对话场景：

一名管理者说道："渡边君，麻烦你帮我做一件事"。描述完工作内容之后，渡边准备离开。

管理者拦住了他："别着急，渡边君，麻烦你重复一遍。"

渡边君重复一遍之后，询问自己是否可以走了？

管理者问道："你觉得我们做这件事的目的是什么？"渡边君回答说："我觉得这件事的目的……"

管理者又问道："如果这件事出了哪些状况，你要向我汇报，出了哪些状况，你要自己解决？"渡边君回答说："出现情况我向您汇报，出现……情况我自己解决。"

管理者继续问道："如果是你自己做决定的话，你有什么好的想法和建议？"渡边君回答说："如果让我自己做的话……"

樊登向大家提出了一个问题：你觉得这五遍问完，渡边君做出来的结果会不会接近你内心的期望？

当然，我们不必作如此烦琐的要求，但精确的表达依然是重中之重。那如何才算精确的表达呢？一部经典电影的塑造，在于能够精准表达导演的观点；一场发布会的成功，在于精准表达产品的卖点；一次顺利的深情告白，在于精准表达内心的感受。而一个指令的精确，可以用"SMART原则"来规范。其中S是指明确性，M是指可衡量性，A是指可达成性，R是指相关性，T是指时限性。

一个指令首先要具备明确性，精确到某人、某物、某时、某地，不能让员工处于一种猜测、犹疑的状态；其次就是要具备可衡量性，也就是考核，为指令增加约束力，如果完不成任务也不会受到处罚，那管理者的威信也会随之降低；可达成性是指员工的能力与指令的内容相匹配，对方存在完成指令的能力；没有时效性的指令是无效的，如果一个任务没有明确的时间限制，完全靠员工的自觉，对方很可能会产生懈怠心理，继续忙自己手中的事；相关性是指在完成指令的过程中，给员工提出质疑的机会，及时修正自己出现失误的指令。

所以，对于一个管理者而言，在向员工发出指令时，不要局限于"领导下命令，下属无条件服从"的思维，应该通过换位思考理解对方面对指令所在意的点，尽量让下属或员工了解你的意图，积极地去执行。

第二章
共情式沟通，上通下达打造高效团队

通过共情式沟通，管理者能瞬间转移到抵触机制内部，用对方的视角审视沟通症结所在；通过共情式沟通，管理者能用温度消融抵触机制，让对方无保留地说出真实想法，进而建立起牢不可破的团队关系；通过共情式沟通，管理者能更加明确共同的利益所在，并寻找让所有人都满意的共赢方案。

1. 沟通的关键，让下属听得懂

明明已经跟下属说过了，但对方在执行过程中却出现差异，导致无法完成任务、返工，甚至给公司造成损失。在我们抱怨下属不懂也不知道问，或者根本就是不负责任的同时，是否考虑过下属为什么没有听懂指令？

信息传递不完整

比如，管理者在进行部门沟通会议时，发现自己有一份重要的资料遗忘在办公室中，于是，他就通过微信告知下属："小李，帮我把我办公室桌上的文件送到二楼会议室来，速度。"结果等了很长时间，小李才抱着一堆文件气喘吁吁地站在会议室门口。管理者在众多文件中翻找好一会儿才将所需文件找到。

导致这一结果的根源就在于管理者传递信息的不完整，他没有告诉下属文件的具体名称和位置，也没有明确送到哪一个会议室。如此，下属只能根据自己的判断进行选择，使得工作事倍功半。

明确的指令一般包含人、事、地点、时间。任何一个信息点的缺失都会造成下属反复咨询或返工。比如管理者说："大家，明天上午会议室开会。"下属就会有疑问，上午几点？在哪个会议室？有事可以请假吗？如果换成"明天早上九点，在十楼会议室开会，全体部门员工必须参加。"听起来干净利落，好记忆。

或者更详细一点包括谁、到哪里、做什么、什么时间完成、希望达到的结果。即明确告诉下属，所办何事，需要办到什么程度，尤其是截止日期一定要确定。因为一旦下属不明确截止时间，便无法把握工作的进度，也会影响工作完成的效果，影响下属的工作效率。

使用专业术语

一些管理者喜欢通过使用抽象的词汇来拔高自己的形象，让下属感觉深不可测。比如，经常将一些专业术语挂在嘴边，像幸存者偏差、安慰剂效应、需求价格弹性、CRM、ERP等，沟通中频繁夹杂英语词汇，展示自己的博学。或者管理者习惯用自己的思维组织语言，并非希望下属揣摩自己的意思，而是不愿费力解释自认为简单且合理的事情。

但沟通的目的是向下属传递信息，而每个人的知识层面和技能范围都有所不同，当管理者的知识和技能大大超过了下属的理解范围，就容易造成管理者说得多，而下属听不懂的情况。而且，一个词语越抽象，它的解释也就越多，也就越容易产生歧义，我们使用的抽象词汇越多，所产生的歧义也就越多。当管理者和下属的知识层面和技能范围并不在一个层次时，管理者在沟通时就需要降维，使用对方能够接受和理解的语言进行沟通。

个人用语习惯

口语习惯，或者个人用语习惯也是造成沟通不畅的一大原因。一位管理者对新来的秘书说："你去把郭和徐叫来。"秘书翻遍了通讯录也没有找到这个人。经过求助，才知道原来郭和徐是两个人。管理者习以为常的语言和行为未必能够被他人及时准确地理解和接受。

使用模糊词汇

还有些管理者喜欢使用"可能、也许、大概、应该"之类的字眼，结果让下属觉得上级也不确认这个指令是否正确、有成效，从而懈怠指令。含糊其词的原因有时是为了避免因明确的态度而导致失误，使自身威信受损。一旦下属无法正确理解自己的意思，做出成绩可以归功自己的领导，出现失误可以归咎于下属的理解不当。

长篇大论，表述混乱

公司员工在上班路上突发交通事故，管理者对来请示的下属指示说："你先别着急，先和总裁汇报一下，联系附近的医院，确保员工的生命健康，再联系保险公司，协商一些赔偿的事宜。对了，别忘了和受伤员工家属联系。最好和交警部门取得联系，确认一下事故责任。你一定要注意，一定要维护公司的利益，还有尽快告知相关部门，做好工作交接，通知客户一下，希望他们理解咱们。总之你就按照咱们之前拟定的预案，成立事故处理小组。恩，就这样，你赶快吧。"

乍一看，管理者说的每一句话都有其必要性，但各种类型的事务不断穿插，缺乏逻辑，没有主次，只会导致下属找不到方向。这种混乱的表述使理解和记忆变得极为困难。紧要关头，管理者应抓重点，简单指示。比如：管理者可先指示"先送医院，联系家属。"第一时间保证下属安全，其他的都可以稍后再沟通。

避免表达没有逻辑，在沟通之前，可以先将自己想要传递的信息，以合理的逻辑组织起来，并使用一定的顺序层层展示。如果信息太多，口头表达后，还可以用书面语再总结一下。比如，把要点打印出来，交给下属，确保信息传递完整。

如果不确定下属是否听懂了，可以在当时检验信息传递的完整度，最好的方法就是让下属复述一遍自己所讲的内容，以确认对方是否真的理解了。

对沟通而言，管理者要确认下属能够明确无误地接受自己的指令。所以，明确自己的目的，让对方能够听懂才是沟通的关键。

2. 采取开放式而非封闭式沟通

对于沟通而言，开放式问题的答案具有多样性，方向由回答者掌握，能够促进彼此之间的沟通；而封闭式问题的回答大多单一，方向由提问者掌握，往往使回答者缺乏发挥空间，无法给出更多的信息。渴望掌控全局是大多数管理者的通病，在与下属沟通时，他们趋向于主动掌握沟通的方向和节奏，导致以封闭式问题为主，使双方之间的沟通出现冷场。

与封闭式沟通相比，开放式沟通更能够促进人与人之间信息和情感的交流。比如，在周一的例会上，管理者打算询问下属某个项目的进度。

封闭式的沟通方式如下："小王，这个项目周五之前能够完成吗？"对于这个问题，对方的回答只有两种——"能"或"不能"，双方的沉默紧随其后。在这个过程中，封闭式问题就像是发出了一种管理者只关心结果的信号，导致下属认为管理者并不关心自己的付出和工作中遭遇的困难，从而对之后的沟通产生抵触。

而开放式的沟通方式："小王，怎么样？如果这周完成项目的话，需要我提供哪些资源和协助呢？"这种沟通方式会让下属感受到管理者的关心和支持，回答的点也相对开阔，从而他们会更愿意将有价值的信息展示出来，和大家一起解决问题。而管理者和同事的帮助也会使下属更加积极地面对工作。

开放式沟通的本质是给予下属足够的尊重，让他们拥有更大的发挥空间和自由，拥有自主思考和选择的权利，而且能够激发他们的沟通热情，降低获取大量且高价值信息的难度，澄清事物的本质。同时，开放式的沟通方式并不会给人带来威胁感，反而能通过有效且深入地沟通帮助抒发情感，有助于拉近人与人之间的距离。

而封闭式沟通的提问是由"是不是""对不对""要不要""有没有"等词汇组成，其回答往往也只是由"是"与"否"组成的简单答案。这就导致了下属的反馈中信息量不足，而且没有机会对自己的"是与否"作出进一步的解释和说明。一般来讲，一个开放性问题的答案需要几个或十几个封闭性问题才能获取。当然，封闭式问题能够终止对方叙述，精准抓住沟通主题，当下属的反馈偏离主题时，封闭式问题能够将其重新拉回沟通内容重点。但是，过多的封闭式问题会使下属一直处于被动状态，而且无法解释自己持有某种态度的缘由，这就会导致他们的表述意愿和积极性受到压制，进而在沟通中感到压抑。

相比较而言，开放式沟通更适合管理者和下属之间的沟通。开放式问题经常使用"为什么""如何""什么""能不能……为什么"等词汇发问，而回答者就可以根据自身情况进行详细说明。

比如："为什么"能够引发对某件事情发生原因的讨论——"你为什么没有按时完成工作？"；"如何"往往牵涉到某件事情的整个过程以及对方情绪性的感受——"你是如何看待这份工作的？"；"什么"作为主导能够获取一些事实——"对于这个项目，你遇到了哪些困难？"；"能不能……为什么"能够促进下属进行自我剖析——"你能不能告诉我你为什么不愿意和他合作？"等。不同的提问用语能够产生不同的结果，因此，在进行开放式沟通时，我们可以根据自己对某些信息的需求而适当地选择提问用语。

组织管理学家巴纳德认为："沟通是把一个组织中的成员联系在一起，以实现共同目标的手段。"而合理地运用封闭式问题和开放式问题，更容易建立起管理者与下属之间的共情力沟通。

在沟通之初，我们需要迅速进入信息交流之中，封闭式问题能够直观展现沟通主题，营造一种互动的氛围。而开放式问题能进一步打开话题，使彼此之间的交流更加深入，靠近真正的问题。

关注事件的细节能够帮助我们更容易理解整个事件的过程，通过开放性问题了解更多的细节，而封闭式问题能够确认这些细节的存在，也能够让下属感觉到我们在认真听。通过不断了解和确认，我们能够获得更多的信息，从而在决策时拥有更多的信息支持。

在讨论某些问题时，如果管理者发现下属身上存在某些问题时，管理者可以尽量使用开放式问题，引导对方反思自己，让对方感受到我们的关注和关心。比如，"你觉得这件事对你会产生什么样的负面影响？""你最近工作的时候总是走神，是不是出了什么事？"等。

沟通能力是每个人必备的技能，对管理者而言，拥有强大的沟通能力是一件很重要的事。在沟通中，将开放式问题和封闭式问题相结合，能够极大地提高管理者的沟通能力。

3. 换位思考，消除沟通中的对立情绪

研究表明，沟通过程中的信息传递，70%是情绪信息，30%是内容信息。当情绪出现较大的波动，内容信息也受到一定的波及。管理者在与下属相处的过程中，很难满足所有人的期望，而一旦管理者的态度或行事风格遭到下属抵制，往往就会产生对立情绪，从而影响正常的沟通。

比如，管理者在跟进下属工作时，提出一些个人的建议，但下属反感他人的指手画脚。于是，对立情绪的出现使两者之间的沟通变得困难。

管理者："你这做的问题很大啊，我觉得应该再添加一些细节，比如……"

下属："为什么要加这些东西啊？多麻烦啊，你不是着急要吗？这样就可以了。"

管理者："肯定要加啊，不然交上去之后，领导又打回来

了。"

下属:"催得这么急,还这么麻烦,我这还有很多工作没做呢。说实话,没有什么必要。"

管理者:"就是再着急,该有的细节还是要有。"

下属心里嘀咕道:"还是不着急,整天做这些无用功,加上细节又有什么用,不加,打回来再说。"

在这个过程中,沟通之初,管理者带着负面情绪而来,给人一种兴师问罪的意味。而下属也明确地感受到了对方的情绪,进而激发下属对管理者指手画脚的排斥,对立情绪形成。在之后的沟通中,双方均偏离了就事论事的方向,营造出一种"你说黑,我偏说白"的沟通气氛,而在这种氛围下,显然无法实现有效的沟通和交流。

管理者与下属之间对立情绪的形成,排除下属个人原因外,基本源自日常互动中的"积怨"。比如,不恰当的工作分配、不尊重下属、随意干涉日常工作等。我们无法否认管理者与下属之间的地位存在差距,但在所有的人际交往范畴内,平等和尊重是最重要的一项原则,尤其是团队中的沟通。当我们无法理性看待身份或地位所带来的"位差",肆意在沟通中使用管理者身份所带来的权力时,就很容易引发双方的对立情绪。

当初董明珠在晋升为格力公司的经营部部长后,设立了一条

"打钱发货"的新规,遭到了大多数员工的抵制,面对员工的对立情绪,董明珠当时是这样解释的:"去年格力的销售额是4.6亿元,这里边有我做的1.6亿元,所以我拿了100多万元的奖金,这件事你们都知道。但是你们不知道的是,在我的销售额中有20万元的欠款,我在当部长之前就把它追回来了。"

"可惜,我们的人销售1000万元就是1000万元的欠账,销售2000万元就是2000万元的欠账,让你们追债,你追得回来吗?让你赔,你赔得起吗?这就是说,我找的客户对,你找的客户不对。这次改革就是要找对的客户,从现在起,不给钱就不发货是铁定的了。"

面对员工的对立情绪,董明珠并没有利用管理者的身份进行强行压制,反而以自身的业绩来证明"打钱发货"规则的必要性。她说的并不是场面话,而是一名销售真正做到的事。如此,她与员工之间的对立情绪自然而然就会消除。

除此之外,我们还可以通过换位思考来消除管理者与下属之间的对立情绪。

主动承担责任

当我们以一种质问的语气与下属沟通时,是在传递某些信息,也是在宣泄内心的情绪。在沟通中一定要注意沟通的氛围,切勿因负面情绪使彼此之间的对立情绪加重。

在对立情绪初期，我们不需要回避冲突，可以尝试将事件的责任归咎于自己进行表述。比如，将"任务都交给你一星期了，怎么还没有完成啊？"替换成"任务已经交给你一个星期了，我在想是不是我的想法限制了你，让你觉得开展工作有些困难呢？"

这种表述方式具有两层意思：第一，我怀疑自己的想法使工作的进度缓慢；第二，我与你是站在同一条战线上的，我们拥有同一个目的，就是为了解决这个问题。在这种情况下，下属就不会选择随意搪塞，要么就会表明自己遇到的困难，要么就会自我检讨。

对事不对人

提出疑问，引导对方发掘背后的问题，最终确认问题，达成一致。

比如，管理者：你计划的这个结果有一点问题。

下属：哪些内容你觉得不够好？

管理者：最后的桥段，女主角的表现有些生硬。

下属：哦？她的哪些表现让你觉得不好？

管理者：她拿起了一把枪，我的意思是她为什么突然懂得使用枪械。

下属：明白了，也就是我们需要在前文将这一细节交代清楚，比如，她的父亲曾教过她使用手枪？

　　管理者：对，就是这个意思。

　　对于下属出现的对立情绪，管理者千万不要尝试用职权进行压制，只有懂得换位思考，拉近自己与下属的关系才是最好的方法。

4. 不学"霸道总裁",允许下属表达意见

"我不要你觉得,我要我觉得。"这句话是综艺《中餐厅》中"霸道总裁范"店长的金句,并成了2019年的十大流行语之一,它的流行反映出人们对霸道、蛮横管理者的反感和嘲讽。

一副倨傲的姿态,一番不容他人抗拒的言辞是破坏良性沟通的最大杀手。但这种表达方式在日常生活中却层出不穷,除了"我不要你觉得,我要觉得",还有"就这样,都听我的""你这样不对,应该这样做"等。

对管理者而言,总是认为一切都在自己的掌握之中,始终站在自己的角度与他人沟通,往往会令下属产生一种被压迫感,强行接收你所传递的信息。长此以往,因内心的抗拒情绪而选择性倾听,导致彼此之间的沟通受阻。

场景一:设计部的方案又被客户退回,设计部员工按照工作的主次提出了合理化建议。

管理者："你既然是我的下属，就一定要懂得服从，我让你往东，你就不要想着往西边跑，怎么要求你们就怎么做，以后我不想听到不和谐的声音。"

管理者的权威性在职场上是至关重要的，但过于维护自己的权威形象，封闭禁言是不理智的行为。大多数管理者选择这种方式来反驳下属，是为了避免因他们高屋建瓴的建议，而显现出自身技术层面的不足和眼界的狭隘。在管理者眼中，对方的建议本质上是在讽刺自己的无能。

场景二：临近年终总结，员工向管理者提出了一系列公司战略或决策上的问题。

管理者："做好你分内的事，不要整天胡思乱想。"

很多员工不乏拥有优越的眼光，希望通过大胆谏言来一展才华。但对管理者来说，这种越权的行为，是一种不专注于自身本职工作，渴望一步登天的投机心理。

在大多数管理者眼中，下属发表意见的行为，不符合工作实际情况，超越了自身工作权限，而且打乱了工作既定计划。然而，下属的意见无论正确与否，最终获利最多的人依然是管理者，因为它从一个新的视角为管理者诠释了某项工作。

世界上最成功的管理者都有一个共同点——允许别人发表意见，愿意听取别人的意见。比如，福特公司CEO艾伦·穆拉利经常对自己的观点持怀疑态度；对冲基金经理人瑞·达利欧也多次强调自己的团队要怀疑自己的看法；世界货币组织的总经理克里斯蒂娜·拉加德也会费尽心机推翻自己的观念等。在社会不断发展和进步的过程中，这些管理者都逐渐意识到广纳谏言可以提高自身的竞争力。

允许下属表达意见可以加速管理者成长。心理学家大卫·邓宁认为："只有借助他人的力量，才能实现自我洞察之路。"管理者的"霸道行径"无非是为了满足人类天生对虚幻优越感的追求，而对他人的观点持开放态度，执着于发现和改进自身缺陷能够帮助管理者克服这种虚荣。

松下幸之助提倡员工发表意见，使松下公司形成一种自由豁达的风气。他认为如果管理者强势专权，下属唯命是从，就会使公司的经营失去弹性。员工必须遵守公司的制度，但也要能够发挥自己的判断力，而不应该采取消极的中庸态度。

一位候补的员工因迟迟未得到升迁而主动与他谈及此事："我已经为公司服务了很久，自认为对公司已经有了足够的贡献，早已经具备了升迁的资格。但直到现在，我也没接到升迁的通知，难道是我的努力还不够？如果真是如此，那我倒是愿意多接受一些指导。"松下幸之助对此十分重视，责令人事部门处理此事，并借此完善了公司制度。

那么，作为一个管理者，该如何看待下属提意见这件事呢？

意识到自身思维的局限性

每一位管理者都拥有这样的经历：自己无法完全掌控当前的局势或者自己深信不疑的观点被证明是错误的。而意识到自身思维的局限性，会使管理者在过于自信的时候，通过以往判断失误的经历来提醒自己，从另一个视角看待问题，走出局限性。这种观念会使我们更乐于允许和接纳他人提出的意见。

避免针锋相对

禁止下属发表意见或极力反驳下属的意见，是由于管理者非黑即白的观念。如果我们无法守住自己的观点就意味着这种观点是错误的，而错误即代表对一个人的能力或权威的削弱。于是，我们往往会将重心放在维护自己的观点上，从而拒绝他人发表意见。但是，对于观点而言，并非谁的观点站到最后就是正确的。

正确对待下属的意见

如果我们一味反驳下属的意见，会让他们产生严重的挫折感和无价值感。所以，当下属发表意见之后，我们可以沉吟几分钟，让对方感受到我们的重视。即使否定对方的意见，也要顾全对方的心理，避免对其造成太大的心理冲击。比如："你的观点很好，还需要继续讨论一下。"事后再指出对方建议的不足之处。

　　管理者不做"霸道总裁",允许下属表达意见对企业来说是一件至关重要的事情。就像松下幸之助所说:"公司既然是大家的共同经营体,就应该由大家来共同经营,只有让下属毫无保留地发表意见,才能充分地赢得下属拥戴,获得事业的成功。"

5. 迂回提出建议，不跟下属争论对错

提建议是一门学问，如何巧妙地表达自己的意愿，既将自己的想法付诸实践，又能使下属乐意接受，是这门学问中的精髓。大多数管理者都会站在自己的角度给出批判性建议，而这恰恰是一种沉浸于自我、缺乏共情的表现。

比如，当管理者对下属的作品不满意，直接说："我认为你的这个作品问题很大，构图和色彩都不够成熟，尤其是背景。如果是我，背景一定会选择青色，而且主体的佩饰也不会选用过于明亮的暖色，你看一下吧。"

这种建议方式存在故作高明的嫌疑。当面指出对方的不足或失误是一种侧面的贬低，进而展示自己的方案，无异于通过贬低别人来显示自己的优秀和强大。即使管理者的建议或观点是正确的，也无法让对方轻易接纳，甚至激发对方的辩论欲望，争论孰对孰错。

再比如，管理者发现了下属设计的程序有漏洞，就说："知道你的问题在哪儿吗？不够严谨，你不要整天就知道坐在那敲代码，多看多学，多向别人请教一下。你看看这个，是这么做吗？你应该这样做……"

程序员心理却在想："对，你说的都对。"

好为人师是所有管理者的通病。在给下属提建议的时候，总是摆出一副高高在上的姿态，指手画脚，不给对方留任何颜面。虽然管理者的目的是纠正失误，但这种建议方式会令对方认为管理者对他怀有敌意，即使出于善意，也极易引发争论，甚至出现肢体冲突。

其实，每一个建议是否能够让对方接纳，不在于建议的优劣，而在于表达的方式。每个人对待不同事物都有自身独特的观点和看法，它支撑着一个人的自信。当对方的观点遭到否决时，一定会心生不悦，这是一种正常反应，也是引发争论的根源。如果我们能够采用"迂回"战术，往往更容易得到自己期望的结果。

管理者向下属提出建议，是否能够让对方理解和接受，关键在于提建议的方式是否正确。如果管理者想要取得积极的效果，那就需要有技巧地面对提建议这件事。

以认同作为沟通开篇

无论下属需要在什么地方作出改进，他依然存在很多优秀的地方。管理者可以先认可对方优秀的方面，再提及需要纠正的问题。在认可的衬托下，建议并不像是批评和责备，也不会被认作是批评。它更像是为了使事情变得更好而提出的一些建议。

建议对事不对人

管理者的认可和称赞会使下属的情绪高涨，但管理者仍然需要保证自己的建议是客观的。在管理者提出建议时，不必针对对方的工作态度和失误，将建议的主要内容放在工作的过程和结果上。

避免责备和啰唆

关于一件需要纠正或更改的事情，其唯一目的是使之正确。在沟通过程中，一旦了解清楚情况，就直接商议恰当的方法，跳过指责或埋怨的阶段。另外，千万不要将某一个建议挂在嘴边，不断警示下属。

切勿用身份强压下属

即使管理者拥有身份、学识、经验等方面的优势，也不要以此给下属施加压力。管理者只需要将自己的观点、分析结果和建议阐述清楚，对下属在解决问题的过程中有所帮助即可。切勿用管理者身份强行命令对方执行自己的决策。

用积极的方式结束沟通

在沟通即将结束时，管理者可以尽量让沟通在美好的氛围中结束。问题得到圆满解决，双方对此基本上都满意。千万不能在沟通结束之后，仍有一方存在疑惑。

对于建议来说，彼此之间的争论毫无意义。卡耐基曾说："很多时候，你在与别人争论时，是赢不了的。要是输了，当然你就输了；如果赢了，你还是输了。"无论结果如何，争论只是令双方更加固执己见，不愿俯首认输。所以，"迂回"战术才是避免争论，达到出奇制胜的最佳方法。

6. 坦言自己的决策失误，更得人心

美国一部电影中的桥段发人深省：监狱发生暴动，新闻记者询问监狱长拥有怎样的改善措施，监狱长回答说："没有办法，除非关进来的犯人素质可以提高。"这种将工作的失误归咎为员工的行为，是现实中大多数管理者的真实写照。然而，管理者越推诿责任，就越无法看清自己的错误，也就难以纠正错误。相反，如果管理者敢于坦诚自己的决策失误，就更容易获得员工们的拥护和爱戴，也更容易从错误中获得力量。

比尔·盖茨在参加一场活动时发表了演讲，并谈到了自己认为犯下的"最大错误"。正是这一错误，使谷歌有机会推出了"安卓"这一"标准化的、非苹果阵营的手机操作平台"。

比尔·盖茨表示："在软件世界中，尤其是操作系统平台方面，这些都是赢者通吃的市场，所以你们知道，我曾犯下的最大错误就是因为管理不善，导致微软没有推出像安卓那样标准

化的非苹果的手机操作平台。对微软来说，获胜本来是件自然的事情。给予非苹果操作系统的空间只有一个，它值多少钱？如果属于我们，将会有4000亿美元从谷歌公司转移到微软公司。"比尔·盖茨坦诚自己决策失误的行为，受到了在场所有人的尊重和敬佩。

拒绝认错源自管理者心理上的认知失调，一旦自我认知（权位和威信带来的完美形象）与另一种认知（决策失误）产生冲突时，就会出现一种不适感。为了消除这种不适感，管理者就会选择自我辩护、推诿责任等方式，使自己的行为合理化。这也就导致了他们宁愿狡辩，也不愿因认错而使自己显得愚蠢。

大多数管理者认为坦诚自己的错误，是对自己威信和权力的一种削弱。其实，这是一种误解。主动承担相应的罪责是一种富有责任心的表现，是一位优秀的管理者所应具备的素质。一旦管理者认可失误的存在，就能让错误波及的范围减小，及时止损，也越容易做出最有益的决策。

古人云："人非圣贤，孰能无过？"每个管理者都不是圣人，失误在所难免。但对一个管理者来说，失误并不会让人看轻你，推诿、逃避责任才会让人瞧不起你。管理者在承认错误的时候，不仅展示出自身的自信、坦诚与真实，告诫所有人承认错误并没有那么可怕。如此一来，员工会对管理者更加坦诚和信任，因为在你这里允许失误。

相反，作为管理者，如果习惯性推脱责任，文过饰非，表面上是一种对自身尊严的维护，实际上却是一种独断专权，不知廉耻的行径。长此以往，当员工犯错时，管理者的批评和训斥就会显得无力，身为领导犯错尚且逃避错误，不知悔改，如何能够令手下的员工信服？管理者毫无威信，员工终日愤懑不平，无论多么优秀的团队，迟早分崩离析。

被誉为"全球第一CEO""美国当代最成功最伟大的企业家"的杰克·韦尔奇虽然身居高位，但在他眼中，正视现实意味着坦诚，因此，他经常主动承认自己的错误。财务总监丹尼斯·戴默曼曾评价他说："杰克·韦尔奇真正与众不同的特点之一是，不管在六秒钟后，六个月后，或者是六年之后，他都有勇气正视周边环境和条件的变化并无所顾忌地说：是我做的那个决定，但那是天下最愚蠢的，那是个笨主意。让我们换种方式干吧。"

一个管理者如何坦诚自己的失误，才能达到最佳的效果呢？我们要注意以下几点。

不说场面话

沟通是人与人之间的情感交流，而承认错误，向员工道歉的目的在于获得对方的理解，改变对方对我们的看法。而不能过于在意自己的感受而选择其他道歉方式，比如，通过文件表示歉意，通过员工之间的传达表示歉意。这些方式都会让员工产生一种你很敷衍的感觉，与认错和道歉的本意背道而驰。

言辞精确、诚恳

在表达歉意的过程中，避免刺激或冒犯他人，言辞要明确且诚恳，给人一种为自己的错误承担责任的正确态度。

挑选最佳的方式

管理者因职务不同，所面临的人群也就不同，这就意味着你的认错方式是否能够被对方所接受。选择一个最适合的认错方式，更容易表达自己的歉意，产生更好的效果。

对管理者而言，敢于承认自己的错误至关重要，它不仅是对工作决策的一种纠正，更是一种人格魅力的体现。就如杰克·韦尔奇关于承认错误的心得："保留一些坦白、一些真诚、一些对现实的认可，会帮助一个管理者显得少一点敌意、少一点距离、少一点傲慢。"

7. 真正平等的沟通，是建议而非命令

卡耐基认为，在沟通过程中，"建议"往往比"命令"更有效。归根结底，"建议"和"命令"拥有相同的目的，即希望对方能够接纳你的想法或驱使对方完成某件事情。然而，说话方式的不同，达到的效果也会大相径庭。"命令"的语气带有生硬或倨傲的意味，容易让对方产生抵触情绪；而"建议"则不然，它是"命令"的一种弱化，能够相对减少对方的反感和抵触情绪，更容易让对方接受。

比如，缺乏共情能力的管理者在下达指示时，会说："你应该这样做""那样做不对"，摆出一副盛气凌人的姿态，将自己的主观意愿强加给别人。而拥有共情能力的管理者会说："你是不是可以考虑这种做法？""你认为这样是不是好一点？"等，给予对方尊重感。

人际关系学大师戴尔·卡耐基讲述过这样一个故事：伊

安·麦克唐吉是南非一家约翰内斯堡工厂的经理。有一次，他接到一笔大订单，而当时工厂的工作已经十分繁重了，他意识到按照正常的工作进度，无法按期完成订单。

但他并没有直接下达为这份订单加班的命令，他召集所有员工一起探讨关于这份订单遇到的问题，并解释这份订单对公司的重要性。

"我们能不能接受这份大订单呢？因为你们已经够辛苦的了，我不想再让大家加班。"

"能不能调整我们的工作安排，来完成这份订单？"

"有没有其他办法来处理它，让我们能接下这张订单？"

工人们为此提出了很多建议，甚至有的工人主动申请昼夜加班，直至订单完成。后来，他们如期完成了这份订单，而这家名不见经传的小工厂也成了南非最大的公司之一。

初登管理者宝座的人往往有一种隐忍多年，终于扬眉吐气的感受，迫不及待地想体验指挥、命令他人的感受，大有一种好好过把瘾的势头。于是，他们开始不断向自己的下属下达各种命令，然而，这种"疯狂指挥"的行为不但无法树立一个管理者的形象，反而会让下属产生抗拒。长期处于管理者位置的人，一般也会得这种"病"，命令是一种身份地位的体现，更是自身权威的体现。但这种行为往往忽略了被命令者的感受，让彼此之间的沟通陷入僵局。

第二章
共情式沟通，上通下达打造高效团队

其实，下达"命令"也是一门艺术，如果你的"命令"让下属更容易接受，这样的"命令"才能发挥出最佳的效果，也能使得团队更加融洽，更具有凝聚力。如果你的"命令"根本无法被下属接受，甚至不愿或不情愿执行，那这样的"命令"又有什么意义呢？

在相互尊重的基础上用"建议"而不是"命令"的方式，更容易使彼此之间沟通的大门敞开，才可能达到管理者和下属双赢的结果——管理者完成指示任务，下属开心地执行。所以，想要真正构建平等的沟通，就一定要牢记将"命令"替换成"建议"。

美国著名的传记作家伊达·泰波尔在撰写扬·欧文的传记时，采访了一位与扬·欧文共事三年的同事。这位同事表示，扬·欧文在工作中从没有向任何人下达过强硬的"命令"，总是在建议对方怎么做比较好。

在扬·欧文的口中几乎从来没有出现过"去做这个，去做那个"或者"别这样做，别那样做"，当他表达自己的意愿时，总是说："你可以考虑一下这个""你认为那样合适吗"；当他口述一封信时，也会说"你认为如何"；当看完下属的报告时，他会说"也许这样措辞会更好一点"。

将"命令"变为"建议"，管理者的态度很重要。人人都是平等的，你可以在才智、地位、身份上优于对方，但在人格和人性上，彼此都是平等的，尝试将自己放在一个与下属相同的高度，才能发自肺腑地用一种建议的语气来与对方沟通。只有这样，很多时候我们才能心平气和地解决问题。

在沟通上，我们尽量用一些"可以吗""好吗""方便吗"等疑问词柔化语气，避免"把这件事做了""快点完成"类似的生硬语气和粗暴态度。比如，当你打算让下属去做一件事时，你将大致流程和注意事项讲完之后，不妨用商量的语气问一下："你看这样做是不是合适？"我们一定要明白，虽然管理者站在发号施令的位置，但没有人愿意一直接受他人居高临下的指挥。

日本松下公司前任总裁松下幸之助曾说："不论是企业或团体的领导者，要使属下高高兴兴，自动自发地做事，我认为最重要的，要在用人和被用人之间，建立双向的，也就是精神与精神，心与心的契合、沟通。"而这种趋近于完美的沟通方式，用"建议"替代"命令"是其中一个重要的部分。

8. 先入为主的偏见，往往导致错误判断

某一个员工向管理者投诉工程师最近的工作效率低，而管理者就会向工程师给出自己的意见："我很不明白最近你的工作效率为什么这么低，再这样下去的话，会拖累整个团队的进度，而项目也会因为你的拖延而延期。"

缺乏对事实的了解，仅凭他人的一面之词作出判断的沟通方式，很容易让下属感到被同事排挤，被管理者冷落，从而降低工作的积极性。如果管理者只是通过自己的主观印象来筛选自己所期待的信息，只会导致自己接收的信息不完整，然后在不明真相的情况下，作出错误的判断，或者造成行为选择上的失误。

以下是先入为主的偏见影响你工作的三种方式：

哪位员工被要求出差？

比如，员工小张和小王都是技术员。小张已婚并育有两个

孩子，而小王是单身。客户要求一名技术员到现场处理突发状况，整个项目需要三周时间，而且员工不得随意离开项目部。而且，这个项目是一个很好的机会，员工可以展示自己的能力，有助于将来职位晋升。

大多数管理者会考虑到小张也许会出于家庭原因而拒绝这项工作，从而下意识选择小王参与这个项目，这就是一种先入为主的偏见。只有询问对方的意见，管理者才能了解下属内心真实的想法，无论员工的性别或父母身份如何。如果管理者既定的人选不想去，对方会表示拒绝。但他们应该拥有自己做决定的机会。而且，像这样的决定和机会可以成就或毁掉你的员工的职业生涯。你无意识的偏见会对小张的事业产生负面影响。

谁需要加薪？

一般来说，男人会被认为是家庭的经济支柱。而管理者在考虑升职加薪时，也会无意识地偏向于男性员工。但员工的薪酬与员工的财务义务并无关系，它只与员工对企业的贡献有关。

当管理者出现这种"先入为主"的评判时，就很难对下属作出客观的评判。所以，想要做到共情式沟通，管理者就需要克服这种"先入为主"的观念。

（1）不假定结果

"疑邻盗斧"讲述了一个人因斧子丢失而将邻居视为贼的寓言故事。先入为主的观念会蒙蔽我们的双眼，试图将自己的主观臆想转化成现实，在验证的过程中，我们会因预设结果而只寻找对自己有利的信息，从而导致判断失误。当我们无法依据既定事实作出准确的判断时，绝不能毫无根据地假定结果。

（2）专注于事实

在通过与旁人的交流获取信息时，不要一味关注对方的结论，还要分析对方作出结论的前提、证据以及论证的过程。而且，我们也无须计较对方的年龄、性别以及所处区域，避免因某些不利信息干扰我们的判断。

（3）兼听则明

在验证某件事时，我们可以通过提问和倾听的方式，尽量完整地获知对方所表述的内容，然后凭借不同的人给出的信息得到一个趋近于真实的"现实"。

（4）多角度辩证

当我们因既定印象对一个人有偏见时，不妨从喜欢的角度分析对方为什么会喜欢。将事物简化思考是一种本能，而屈从这种本能就容易得出"先入为主"的结论。而多角度辩证会帮助我们打破单一固定的思维模式，更加全面且客观地看待某人某事。

莎士比亚说：我们眼里的错误引导着我们的心灵，错误导致的也必定是谬论。如果我们能够获得充分的信息，就能够辩证地看待这一切，也就能够避免作出"先入为主"的评判。

9. 做有亲和力的管理者

俗话说:"人无贵贱之分。"如果管理者一味耍派头、逞威风,摆出一副高高在上的姿态,甚至在日常沟通中对员工指手画脚,声色俱厉,就会激起员工的反感情绪,加重双方之间的矛盾,不利于各项工作的开展。

一个优秀的管理者,不在于摆出姿态的高低,而在于员工内心敬仰和尊重的程度。管理者具有亲和力,以平等、关爱的态度对待员工,在沟通中就容易收获员工的好感,同时,管理者的亲和力也会逐渐转化成影响力,使整个团队上下一心。

对沟通而言,管理者的亲和力能够轻松使团队保持在同一频道上,减少重复、解释的时间,并易于员工接受指令,省去多余的安抚和宽慰的行为。反之,如果管理者在沟通中缺乏亲和力,仅凭借权力的优势进行沟通,甚至可以制造双方的距离感来维持所谓的"权威",就会导致员工对管理者抵触、疏远和对抗，出现团队内耗情况。

如果管理者想要变得富有亲和力，就一定要做到四个同步。

情绪同步。管理者在沟通中，一定要关注对方的情绪，采用与对方相近的情绪状态进行沟通。比如，如果员工一脸难以掩饰的笑容，就证明他心情愉悦，管理者就需要保持一种愉悦的情绪与之沟通，共情员工的快乐。如果员工一脸愁容，管理者就需要以一种平静或凝重的情绪状态去沟通，共情员工的忧愁。

共识同步。当管理者与员工在沟通中的观点一致，或者相互理解对方的观点，就会使沟通的氛围变得融洽。因此，管理者需要注意避免在沟通之初，使双方的观点对立。

生理状态同步。每个人在做事或沟通会呈现出独特的生理状态，比如，习惯性的动作、口头语等。而且，人们都喜欢与自己具有相似性的人交流。因此，管理者在沟通过程中，可以适当模仿员工的生理状态，使两者保持一致，但也要注意，不可模仿对方的缺陷。

语调、语气、语速同步。其目的在于沟通中双方的情感交流，如果一个说话轻柔、缓慢的员工，管理者却以沉重的语气和快语速与之沟通，对方一定会感到不安，产生心理上的排斥，影响彼此之间的沟通效果。

除此之外，管理者也可以在沟通中通过以下五种方式，来有效地展示自己的亲和力。

谦和的姿态

在沟通中，谦和的姿态体现的是一种尊重对方，平易近人的风度，能够拉近沟通双方的心理距离，提升沟通的融洽度。无论什么样的人，都喜欢谦和有礼的人，反感嚣张跋扈的人。

一些管理者认为，在沟通中摆出谦和的姿态，会损害自己的权威感，不利于占据沟通中的主导地位。实际上，谦和的沟通姿态不仅不会损害管理者的权威形象，还能够提高沟通的融洽气氛。

亲切的笑容

笑容是一种有效展示亲和力的沟通开场白。管理者亲切的笑容，能够缓解员工紧张的状态，有利于卸下内心的防备。即使心情不愉快的员工，在管理者亲切的笑容下，他的坏心情也会逐渐消退。如果管理者吝啬自己的笑容，在沟通中总是板着脸，会使得员工谨言慎行，不利于沟通的深入。

甜美的话语

甜美的话语是体现管理者亲和力最有效的方法。话不在多，而在于贴心，说到对方的心坎上，使对方产生情感共鸣，从而营造和谐的沟通氛围。

每个人都希望听到顺耳的话，同样的谈话内容用不同的方式表达，得到的效果也是不一样的。即使表达一些负面信息，恰当的表达方式也能够使员工易于接受，并博取对方的好感。

诚挚的关爱

在沟通中，诚挚的关爱就像寒冬中的一把火，使平和的沟通氛围变得火热。与人交往，设身处地地为对方着想，真心实意地关爱对方，不仅能够增添管理者的人格魅力，还能获得员工的信任和亲近。

豁达的气度

在沟通中，管理者豁达的气度能够减少不必要的语言冲突，营造一个轻松的沟通环境，保持双方关系的和谐。因此，管理者在沟通中，只要不涉及原则性问题，就以一种包容的态度给予员工情绪波动或反弹的空间，强化自己的亲和力。

一些管理者之所以无法与员工做到共情式沟通，就是因为沟通中得理不饶人的姿态，让员工在被说教中变得沉默。豁达的气度彰显的是一个人的胸襟，也是一个人具有亲和力的人格魅力。

管理者与员工之间的矛盾，大部分是由于沟通出现偏差。而管理者的亲和力能够有效避免沟通中的偏见和冲突，更容易探知对方真实想法，使沟通更为顺畅。

第三章
共情式激励，迅速强化执行力

由于身处高位，一些管理者会让下属望而生畏，而且自己也不善激励下属。当下属缺乏内在动力，仅迫于压力从事工作时，一方面容易出现抵触情绪，另一方面也会降低工作积极性。只有从下属内心的需求出发，在职业激励、绩效激励等方面做足功课，才能激发员工更大的自驱力。

1. 目标：利用共情效应达成上下同欲

如果团队中的每一个下属都与团队的目标一致，为同一个目标而努力，整个企业、团队的效率就会提高；团队下属稳定，团队也相对稳定；团队的目标不一致，团队的建设就很难有突破性、持久性发展。每一位经理人，上至高级管理者，下至生产工长或主管办事员，都必须明确其目标，必须把企业目标内化为下属的个人目标。如此，才能达成上下同欲。

所谓"欲"，并非狭义上的欲望，而是指管理者和下属拥有共同的使命或愿景。它更多的是给所有人一种方向，并以获得商业利益为导向，让所有人将当下的工作视为自身事业的一部分。而不是一味出现"我只是个打工的人，我只需要做好我分内的事就好"的想法。

一些团队之所以执行力差，就在于管理者和下属的目标缺乏一致性，管理者希望支付最少的钱而拥有最佳的劳动力，下属由于广种薄收而在工作效率和质量上变得怠慢。就像市场中的菜农和顾客一样，菜农希望赚更多的钱，顾客希望花更少的钱而讨价还价。如此一来，下属就会拒绝一切与谋求个人利益无关的事情，而管理者的期望也就变成了一种形式化的事物。

百度的CEO李彦宏曾表示："管理一个公司，到底需要在哪些方面做好，过去十一年我也不断总结，基本上是一个方面，是目标，大家有一个共同的目标。"由此可见，将企业的目标内化成员工的目标对调动员工的工作热情极具成效。

日本东芝公司结合自身特点，创造了独具特色的目标管理方式。在制定企业发展目标时，高层管理人员率先确立未来的战略和目标，再由上至下，逐级确立各级的任务和目标。员工的目标也是通过与管理者沟通，双方商量一致后，才确定下来，保证整体的目标是被员工所接纳和认可的。在执行的过程中，高层管理人员密切关注和参与，同时让所有员工参与到目标管理的体系中，做到全员参与，全员认可。最终，员工的工作积极性大幅度提高，有效地提升了企业的业绩。

那么，管理者该如何将企业目标内化为员工目标呢？总体可以分为两点：其一，管理者必须充分重视员工的个人目标，并在企业目标制定之初，尽量让员工来参与目标的制定；其二，当企业目标确立之后，管理者需要对员工进行宣讲，让员工认可，同时将公司目标层层分解到每一个员工，让员工了解完成此目标对公司和个人的益处。

　　心理学家研究表明,人们大多存在一种自我中心思想,即"倾向于将自己视为事件的中心,认为自己的判断和决策对于整个事件有巨大的影响力和控制力"。这也就意味着当某一件事与人们产生关联之后,人们总是希望了解更多,参与更多。因此,如果员工的参与欲望得到了满足,那他们的工作热情就会被调动起来。

　　而宣讲的目的就是为了让员工明白"我们究竟在为何而战",帮助管理者和下属达成共识,明确完成这一目标对企业和个人的益处。在执行的过程中,管理者可以通过针对实际任务的沟通,聚焦和强化这种共识,而且,在相对轻松的氛围下,管理者与下属之间的沟通会更加顺畅,员工能够准确理解管理者的目标意图,也唤起了员工的工作热情。如果一个团队仅仅依靠服从或利益关系去维持团队的一致性,一旦管理者的决策失误,整个团队的凝聚力和执行力都会瞬间烟消云散。

　　每个企业都有自己的目标,而每个员工也有自己的目标。只有企业与员工的目标相一致,就能使企业的发展和员工的发展实现同频共振。一些优秀的企业都在其文化理念中渗透出了这样的思想:"将员工个人的价值与企业的宗旨联系起来,引导员工在履行企业宗旨的同时,实现个人的价值。"比如,联想公司主张"把员工的个人追求融入企业的长远发展之中";海尔公司主张实现"个人生涯计划与海尔事业规划的统一"等。

　　管理者只有充分考虑员工的价值追求,让员工参与企业目标的制定和管理,将企业目标变成全体员工的共同目标,才能够使整个工作团队充满活力,进而强化团队的积极性和创造性。

2. 信任：放手让下属自己去干

授权，是指管理者将完成某项工作所必需的权利授予下属人员。对下属而言，授权是管理者对他们能力的一种认可和信任，能够充分调动工作积极性，强化执行力，提高工作效率。一个成功的管理者必须懂得：大权独揽，小权分散，不可权力集中，事必躬亲。

丽昌酒店就是给予了员工足够的信任，它的管理理念是"人人都是老板"。当一位顾客入住丽昌酒店后，因琐事出现不满情绪，无论他向哪一位服务员提出抱怨，对方都能够像老板一样去解决他的抱怨。

比如，顾客因房间内的小酒吧散发异味而不满，服务员会立刻派人进行清理，并提供一杯酒表示敬意，然后赠送一听饮料，搭配一盘水果补偿对顾客造成的不便。

在遭遇日常中的突发状况时，员工不用向管理者请示，不必翻阅工作守则，能够直接根据自己的判断采用适当的方式处理问题。所有员工都拥有一笔500美元的预算作为处理状况的资金。这种管理方式，让每一个服务员都具备快速处理事故的能力，使服务品质得以提高。

既然授权能够给予下属最大的信任，那为什么很多管理者仍不愿放手让下属去做呢？

过于自信，对下属不信任

管理者过于自信，认为所有事情都需要自己保驾护航，总是担心交给下属的工作，下属没有能力好好完成。因此，下属工作的过程中，管理者总是询问工作的进度和细节，甚至不断地下达指令。下属在接受某一项任务后，原本有自己的打算和计划，而管理者的强加干涉，导致自己的计划无法实施，由于管理者的指令频繁且琐碎，按照对方的标准也无法达到预期的效果，最终落下一个失败的结果。

职业习惯也会导致管理者对下属不信任，拥有会计、医学或工程师职业或培训经验的管理者，往往过于追求准确性。事无巨细，亲力亲为是长期工作养成的习惯。这种习惯会导致管理者不愿向下属授权，因为他们总是担心下属办事出差错。

创办"优衣库"的柳井正先生认为，管理者的指手画脚会打击下属的积极性，遏制他们的成长，久而久之，越来越多的员工开始万事听从管理者指挥，敷衍了事。如果所有人都抱有这种态度，那作为管理者，即使能力再强，也不可能分心完成每一件事。

过于看重权力

一些管理者之所以不愿授权，是因为对权力拥有一种病态的渴望。他们喜欢通过干预下属的工作来体现自己的地位，获得一种优越感。但长此以往，对权力的眷恋终究也会变成失去权力的原因。

如果管理者始终抱着"这件事就得这么做""我的方案是最好的"这样的思想，一味要求员工按照自己的想法去做事的话，会严重打击员工的工作积极性，降低执行力。

想要强化员工的执行力，管理者们就需要学会给予下属足够的信息，懂得放权和授权。这也就意味着管理者不必也不能插手控制太多具体的事情，承担过多的责任。一旦将工作交付给下属，管理者就要学会忍耐，即使你对某方面拥有一些独特的见解，也要忍住这种冲动，按照最初的意愿让下属按照自己的想法和方式在有限的时间内完成，放手让他们去做。

但是，像松下幸之助先生所说："放手，又不能完全放手。"这就需要管理者自行把握一个度，即要给予下属自由发挥的空间，也要避免下属偏离根本。管理者可以适当关注下属的工作进度，听取他们的汇报，当他们的做法出现根本性的失误时，管理者可以通过建议或指导的方式对他们进行修正。但是，一定要避免对他们的工作进行过度的干涉。

作为一个管理者，你为下属员工指引方向，而且不善加干预，即使下属在工作过程中出现一些问题，他们也可以妥善处理。如果出现某些重大的事故，即使管理者不说，他们也会主动告知管理者，因为这是一个学习和提升自己的机会。

管理者想让自己的团队变得更优秀，首先你就必须充分相信和认可他们，给予他们的自由空间越大，他们的热情就会越高涨。而且管理者的信任会使下属集中精神完成管理者的期待，即使管理者所安排的工作下属无法胜任时，他们也会主动要求更换另一个合适的人选，因为这是一种不辜负管理者信任的选择。

3. 赞美：打动下属最好的方式

相较于金钱，赞美能够使下属的工作积极性更加长久。因为每一个人都拥有一份自尊心和荣誉感，而管理者真诚的赞美就是对他们价值的认可和尊重，是打动他们最好的方式。

日本某家公司的一名清洁工，在公司中一直都是被人忽视的角色，但就是这样一个人，却在某一天晚上遇见公司的保险箱正在被盗时，与小偷展开了殊死搏斗，最终保全了公司的财产。

当有人询问他为什么如此拼命时，答案出乎所有人的意料。他回答说："当公司的总经理从我身边经过时，总是会赞美我扫的地真干净。"

那么，赞美为什么会拥有这么强大的力量呢？

赞美有助于确认自身价值

在大多数企业中，员工的薪资水平相对稳定，这也是金钱难以调动员工积极性的原因。但大多数员工依然在意自己在管理者心中的形象，且极为敏感。对员工来说，管理者的赞美往往具有权威性，能够确认自己在群体中的位置。

一些管理者会依据业务水平为下属进行排名，而这就是一种无形的赞美。其实，每个人按照不同的评判标准都能够名列前茅，有针对性地放大他们的优点。比如，小王是公司的第一位博士，小赵是公司的计算机专家等，每个人的优点都能得到赞美，会激发他们潜在的才能。就像英国首相丘吉尔所说："让人觉得他有某种长处，他就会珍惜自己的长处，并在那些长处中求发展。"而让下属认为自己存在某方面长处的方式，就是及时地赞美。

赞美满足员工的荣誉感和成就感

管理者的赞美是最具价值的精神激励，它几乎不需要任何成本就能够满足一个人对荣誉感和成就感的追求。比如，一位员工经过一夜的奋战，完成了关于策划案的所有调查报告，或者经过深思熟虑想出了一条绝佳的办法，对于生理和心理上的疲惫，管理者一句赞美的话就能够使他们感到满足。

一名员工作出了一些成绩，虽然表面上不动声色，但内心却一直在期待管理者的嘉奖，如果管理者疏于关注，未能及时给予赞美和肯定，他会有一种挫折感，产生一种"反正领导看不见，做得好做得差又有什么分别"的心理。如此一来，员工对工作的积极性必然就会降低。

赞美有利于消除下属的疑虑

当员工长期被管理者忽视时，就容易产生各种各样的疑虑：对我有偏见？不认可我的能力？妒忌我的成就？在相处时，员工与管理者自然而然会产生距离感，甚至出现隔阂。管理者的赞美不仅是对员工的一种认可，更是一种关注。让员工感觉到自己的每一次努力，管理者都看得见。

这就是赞美的力量。管理者的赞美是对员工的一种身份认可，一旦得到这种身份认可，员工就会产生与这个身份相符的信念、价值观、能力和行为。比如，管理者赞美员工的工作认真，员工就会产生"认真工作"的信念和行为。当管理者毫不吝啬自己的赞美时，员工才会有更高的工作积极性和执行力，为公司创造更大的价值。

管理者除了不要吝啬赞美之外，还要学会赞美的技巧，只有赞美得当才能起到好效果。

赞美技巧一：赞美公开化

赞美是对作出成就员工的一种肯定，管理者不仅可以在单独面谈时夸赞员工，也可以在各种会议的公开场合分享这些值得赞美的案例。公开的赞美，可以使其他员工认识到只要再付出一点努力，也可以得到管理者的认可，对调动员工的工作积极性具有一定的作用。

赞美技巧二：赞美普遍化

一般来说，只有在各方面表现优秀的员工，才会得到管理者的赞美。但长此以往，一些能力稍显不足的员工就会失去信心，影响正常的工作。

对于那些态度认真，但由于自身能力限制而无法达到预期的员工，管理者也要给予适当的赞美，避免他们产生"无论我怎么做，都无法得到领导认可"的消极想法。

赞美技巧三：赞美具体化

赞美一定要针对具体的事情进行，避免抽象、通用的赞美，这会让下属感到随意、敷衍。类似空话、套话的赞美往往会给下属一种虚假的感觉，得不偿失。比如，"小王，做得不错""你很优秀"等就属于抽象的赞美。而"虽然你工作的时间不长，工作效率高，领导交代的事也处理得很好"就以具体的行为作出赞美的依据，让员工具有被重视感。

赞美技巧四：赞美公平化

管理者所赞美的行为具有极大的导向性。如果被赞美的行为存在可比性，管理者就需要权衡利弊，判断这种行为是否值得提倡。比如，一位运输车司机，效率不高，但从未出过安全事故。在安全生产月期间，管理者表扬了他没有出过事故的行为。但是，越来越多的运输车司机跟在他的后面慢慢跑，由于物料无法及时送达，生产被迫停止。所以，管理者一定要注意，被赞美的行为一定要令所有人心悦诚服。

　　人们对发展的需求是全面的，不仅包括物质，还包括精神方面。而管理者的赞美，是打动下属最好的方法，也是下属最需要的激励。

4. 安抚：缓解下属的负面情绪

情绪是会传染的，尤其是负面情绪。在工作中，如果管理者无法恰当处理员工的负面情绪，很可能使它们不断积压、酝酿，导致员工的工作效率降低，甚至出现某些过激行为。缓解或疏导员工的负面情绪，有助于维持员工的工作积极性，增强执行力。

大多数管理者对员工的负面情绪都持有一种排斥的态度，强迫员工整理好自己的情绪。"我不希望你把情绪带到工作中来""工作就是工作，生活就是生活，不要因为生活的麻烦影响工作的状态"等之类的话是给每一位出现消极情绪员工的警示。但人毕竟是感性的动物，无法做到绝对的理性。在一个团队中，管理者漠视员工消极情绪的行为，会降低员工的工作热情和组织效能，削弱企业的生产力。

更多时候，管理者的警示在员工眼中更像是一种情绪之间的对抗。在面对存在消极情绪的员工时，管理者出现的反感、愤怒等情绪恰恰会使原本的消极情绪更加高涨，以至于吞噬掉员工的理智。

比如，一名女员工未婚先孕，而男朋友却莫名失踪。遭逢巨变的女员工情绪崩溃，在工作中表现得很沮丧，且对周围的眼光十分敏感。

如果此时管理者因她的情绪低落而训斥说："你要记住公司请你来是为了赚钱，而不是帮你解决生活问题，我不希望你将情绪带到工作中来。"管理者的强势和不理解更容易被理解为对自己拥有如此糟糕境遇的嘲讽，也就会加速员工走向极端。

而对员工的说教则是强权的另一种表现方式，以人生、父母、前途等方面为主题作为引导员工理智的依据，也会得到同样的结果。比如，这位女员工情绪异常激动，跑到了顶楼准备解脱自己。管理者劝诫说："我理解你的处境，但你千万不能冲动啊，否则你的父母会难过一辈子的。你先冷静一下，我们大家都很担心你，不要做傻事，你以后的路还很长。"

这种方式就像是用人生、父母等相对重要的事物来强行压制情绪，收益不大。对情绪而言，最佳的方式就是宜疏不宜堵。情绪疏导是以管理心理学为基础，对人即将出现或已经出现的情绪波动，通过合理的方式进行安抚和沟通。比如，表示自己理解对方，通过共情引导对方宣泄内心的负面情绪。

比如，面对激动的女员工，管理者可以表示："我知道，你为这份感情投入了自己的一切，但没想到自己却看错了人，你觉得自己不但辜负了父母的期望，也成了别人口中的笑料，你觉得自己是世界上最失败的人。所以，你想要一了百了是吗？"

"我知道你一直都希望事情有所改变，希望有一天他能够回来，但是他却拉黑了你所有的联系方式。你觉得自己遭到了背叛，认为身边的人没有谁是值得你信任的，是吗？"

"你哭了这么长时间，我们所有人都能够感到你的无助和悲伤，我们都想帮助你，你能过来告诉我们最近发生了什么吗？"

女员工开始讲述的自己经历，而在这个过程中，内心的负面情绪也会随着每一句话而消散，最终重回理智。

那么，作为管理者，该如何合理地疏导下属的负面情绪呢？当管理者察觉到员工的负面情绪时，不要去压制对方的情绪，可以尝试分析他们不良情绪产生的诱因。比如，公司考核制度不合理、不公平；员工无法表达意见；工作压力大；人际关系不和谐等。管理者可以通过沟通来对员工的不良情绪进行疏导。

第一步，管理者需要通过敏锐的观察力来判断出对方当下的心理感受，主动且有准备地表达出来，让对方感受到管理者的理解。这个过程，要求管理者具备足够的耐心，并养成体会对方感受的习惯。

第二步，当员工认可管理者的表述之后，引导对方表达自己的想法，借机宣泄情绪。当一个人的情绪始终被压抑在身体里，就会造成伤害，或者经过不断的积累，因某个外界刺激而突然爆发，丧失理智，做出过激行为。

第三步，当员工在表述的过程中，无论对方的想法多么荒诞或可笑，都不要尝试纠正或说教，注视对方，接纳对方的情绪。管理者一定要明白，自身的语气和言辞都会影响到对方的情绪。整个疏导过程，就是管理者通过语气、言辞和行动来进行引导的过程。

除此之外，管理者还可以建立情绪释放机制。比如，柯达公司所建立的通过笑话书、漫画书、幽默大师卓别林的录像等，缓解沮丧情绪的"幽默房"；布满宣泄压力器具的"减压房"等。这些活动都可以减轻员工的情绪压力，维护其积极的心态。总之，管理者帮助员工合理地缓解负面情绪，能够使员工保持乐观的心态，提高工作积极性。

5. 接纳：用人不可求全责备

管理者用人，如果一味地揪着员工的缺点不放手，那你永远没有合格的员工。

用人所长的同时，必须容忍所短

一个人一定存在不足之处，只要这种不足不影响优势发挥，管理者就可以利用团队进行补位，也可以用一些规范来进行弥补。

德鲁克在《有效的管理者》一书中指出："倘要所用的人没有短处，其结果至多只是一个平平凡凡的组织。所谓样样都是，必然一无是处，才干越高的人，其缺点也往往越明显。有高峰必有深谷，谁也不可能十项全能。"

不因小过而弃大用

子思曾向卫侯推荐一个军事人才，但卫侯却没有接受子思的推荐，解释说："这个人我知道，他在向老百姓征收田赋时，曾经白白吃过人家两个鸡蛋。"

子思劝慰说："君主用人，好比木匠用木料，取其所长，弃其所短，合抱的大树，虽说烂了几尺，木匠也不会因此而把它丢掉。现在，正是战争纷起，需要用人之际，你怎么能因两个鸡蛋的事而丢弃一员大将呢？"

同理，管理者在面对出现过失误的下属时，也不要斤斤计较，而是要客观地看待每一位下属的能力，不因小过而弃大用。

接纳并不意味着放任不管

虽然管理者要容忍和接纳下属的缺点，但这并不意味着听之任之，放纵其为所欲为。管理者要在放任不管和动辄惩罚之间掌握一个度，既不能在下属中制造出一种令人惊恐的气氛，有不会因为没有原则的宽容使自己丧失威信。

（1）容忍有度

一些下属的能力固然优秀，但缺点也同样不容忽视。比如，一些下属在公共场合抓住管理者的失误，不断与之争辩，将管理者置于极其尴尬的处境；一些下属总是喜欢占一些小便宜，在一些蝇头小利上寸步不让。

对于下属的这些缺点，管理者很容易走向两个极端：其一，担心打击员工的工作积极性，过度忍让；其二，管理者针尖对麦芒，甚至在之后的工作中挟私报复。如此一来，管理者和下属的关系就会更为紧张，不利于工作的开展。

对于这种情况，管理者对待员工的缺点要容忍有度，做到赏罚分明，在员工做出成绩时奖励，也要在员工越过底线时惩罚，让员工及时认识到自己的缺点和不足。

（2）直言指正

如果管理者一味放纵具有某些缺点的员工，一旦铸成大错，就会为企业带来不可挽回的损失，因此，当员工出现过于放纵自己或在管理者引导下仍不思进取的苗头时，管理者就需要采取强制措施，让他认识到自己的缺点，防止酿成不可挽回的后果。

为了避免因下属个人性格导致出现问题，管理者对于员工的成绩，要坦诚公布，作出公平公正的评价。对于某些作出巨大贡献的下属所存在的缺点，也要及时地批评和指正，在事情微露端倪时就及时明确指出，以防止铸成大错。

很多管理者都苛求自己的员工成为一个完美的人，甚至不惜耗费大量时间去发掘他们的不足之处，加以批评。而这，恰恰是管理中最忌讳的事情。管理者需要接纳员工的缺点，尽量做到扬长避短，才能提高员工的积极性，增加执行力，使团队的气氛更加和谐，为公司创造更多的价值。

6. 包容：给下属犯错的机会

犯过错误的员工在管理者心中多少会留下一些不良的印象，但实际上，每一位员工都具备发展的潜力。如果管理者无法保持一种平和的心态，很容易因自己的主观意愿导致员工不满情绪的出现，产生内部对立，打破团队中原有的和谐气氛。

一味批评，团队活力缺失

对于犯错的员工，很多管理者往往以批评和惩罚为主，试图以这种方式作为一种警示。然而，他们往往无法意识到带有主观批判意识的行为会对员工造成不利影响。

比如，人身攻击式的批评："你说你怎么这么笨啊，这点小事都做不好，学习了这么长时间，竟然还出错。"翻旧账式的批评："又是这个地方出错，我还要和你讲多少遍你才能记住，上次就是因为你，所有人陪你一起加班，羞不羞愧啊。"

面对一味地批评和指责，大多数员工会为了自我保护而开始推诿责任。长此以往，员工为了避免犯错而排斥毫无经验的工作，拒绝发掘新的解决方法。整个团队就变成了一潭死水，缺乏创造力、积极性和执行力，管理者终日徘徊于诸多员工之间而劳心劳力。

鼓励试错，促其成长

通用电气的CEO杰克·韦尔奇的职业生涯中出现过一次重大失误，他负责的一个实验项目发生了爆炸，而他当时的上司查理·里德并没有责备他："我所关注的，是你能从这次爆炸中学习到什么东西，你是否已经知道如何修改反应器的程序？我们是否应该继续这个项目？"

"我们最好现在就对这一问题有一个充分的了解，而不是等到以后我们进行大规模生产的时候。坚强起来，年轻人！"查理将这个项目继续交给杰克·韦尔奇负责，最终他也不负众望，出色地完成了任务。

杰克·韦尔奇在回忆这段经历时说道："当人们犯错误的时候，他们最不愿意看到的就是惩罚。这时最需要的是鼓励和信心的建立。首要的工作就是恢复自信心。"

只有允许员工犯非原则性的错误，鼓励他们大胆试错，才能够让他们在错误中成长。对每一个人来说，失败的教训往往比成功的经验更有价值，因为经验远远没有教训来得更有深度。一位美国记者曾经询问稻盛和夫，为什么京都半导体会如此成功。稻盛和夫回答说："因为我们从来不因为失败而处罚员工。如果一个员工在某项计划中遭遇失败，我们还是会立刻给他另一项任务。虽然前一个计划失败了，但是那个员工还是从中学到不少，并可以凭借过去的经验再向前迈进。"

接受"捅娄子"，犯错是创新的来源

一个团队在不断犯错，不断提升的过程中，也会逐渐富有创新精神。腾讯公司就主张给予员工足够的试错空间和尝试机会，这也是腾讯公司创新的源泉。

比如，一名技术工程师的必备技能就是技术重构的能力，用以迎合产品的更新换代。而在这个技术重构的过程中，无论能力再强的工程师也会出现各种各样的问题，但只有勇于重构，才能做得更好。

腾讯公司之所以充满活力，就是因为公司内部会推崇那些勇于尝试和创新的人。一个企业只有不断创新，不断发展才能够成为某个行业的佼佼者。

不是什么错都允许犯

给下属犯错的机会，并不等于什么错都能包容。哈佛商学院管理学教授埃米·埃德蒙森曾在自己的著作中将错误分为三种：第一种是由于工作的不确定性而导致错误；第二种是因战略决策失误而导致的错误；第三种是可预防性错误。前两者能够为管理者和员工提供一定的新知识和经验，而最后一种则更多的是一种重复性错误，主要表现为有意识地违反规定或既定流程的错误或者因个人疏忽而导致的错误。相较于前两者，后者只是一种重复相同错误的行为，是一种明知故犯而导致团队或企业遭受损失的行为。这种行为，不能轻易宽容。

对于下属的错误，只要不是什么特别重大或原则性的错误，管理者都应该懂得包容，不能因为一个错误而去否定一个人。任何人都会犯错，但只要从中吸取哪怕是一段代码的教训，让自己成长，那么这次失败就是能够被接受的。

管理者敢于为员工提供尝试和自我成长的机会，在实践中培养自己的能力，对员工的执行力、团队的凝聚力都是一种促进。而且，对于一些缺乏经验的员工来说，允许他们犯错更是一种恩赐，更容易让他们感到管理者的善意和重视。

7. 考核：让员工有"奔头"的绩效管理

为了强化员工的执行力，防止人才流失，建立一个合理的绩效考核制度是管理者普遍采取的一项措施。但只有让员工对考核制度满意，才能调动他们的工作积极性，进而促进公司的发展。

当公司制度不完善，尤其是绩效考核体系缺乏标准时，管理者一定不要贸然实行全员的绩效考核。因为，每一位员工的职能不同，单一的标准无法衡量他们所创造的不同价值。所以，绩效考核一定要做到公正、公平、客观、准确、全面。

那么，管理者该如何建议一个合理的绩效考核制度呢？

以一家互联网公司为例，管理者首先需要在团队中挑选试点的人选，可以选择业务成果与公司业绩利润直接挂钩的部门，比如，销售部门。

而考核的指标一定要直观、简洁，避免员工因指标过多而抓不住工作的重心。比如，销售人员的考核指标就可以是打电话的数量、新客户的开发数、销售成单量等。其中，具体的指标就需要管理者根据销售部门的实际情况进行设定，比如，以"销冠"的业绩为标杆。如果是新增岗位，就以同行业的优秀人才的业绩作为参考依据。

相较于销售岗位直观的销售额，职能类岗位所带来的价值就有些抽象，比如，运营部门、人力资源部门。他们的工作重心侧重于过程，短时间内无法为公司带来直接的效益，因此，管理者就不能使用结果性考核指标进行考核，而需要将他们工作中的数据作为标准，采用过程性指标。

比如，一名运营部门的员工，他的月薪正常水平为1万元，其中8000元为基本工资，而剩下的2000元就是浮动工资，也就是他业绩达标时所获得的奖金。而他的考核指标就应该是"一个月涨了多少粉丝"等这种没有确切金钱效益的过程性指标。

假设管理者设定的指标为"一个月涨1万粉丝"，而他运营的公众号只涨了6000粉丝，那么2000元的绩效工资又该如何发放？

首先，管理者需要明确员工的能力极限，避免盲目设立指标使员工产生无力感。如果他只能拉到8000粉丝，那8000就是考核指标的最高值。其次，管理者也要设立一个参考值，也就是最少要涨多少粉丝，比如，参考值设定为5000。于是，当他所运营的公众号"涨粉"在5000以下时，就无法获得奖金；超越5000时，就可以获得50%的奖金；接近8000时，就能够获得全额奖金。

但是，管理者一定要注意，为了避免员工的虚假操作，还要设立一个质量指标，鉴定粉丝的真实性。比如，管理者可以随机抽取100个流量，如果其中只有10个流量真实有效，那么，当粉丝的真实性低于10%时，员工所拉来的粉丝数视为0。

当员工未能达到当月指标时，一些管理者为了顾及员工的心理而变得仁慈，只是安慰说："没事，下次一定努力。"这种"仁慈"往往会使员工对工作变得懒惰。所以，管理者切不可因个人情感而影响制度的执行，有奖也要有罚，强化考核制度的约束性。比如，扣除员工浮动工资的50%等。

除此之外，管理者又该如何让员工认为绩效管理有"奔头"呢？

实用性

绩效考核所带来的利益，一定要将金钱作为主体。千万不能将旅游、商务会议、奖杯、证书等华而不实的事物作为奖励，因为，任何奖励所产生的激励作用都远没有金钱奖励来得直观、有效。

可行性

一些管理者总是设立一个可望而不可即的考核指标，并不能激励员工努力工作，这种以高额奖金为噱头的谎言一旦被察觉或被揭穿，无疑会导致员工的不满，甚至是失望。所以，管理者所设立的指标一定要具备可行性。

及时性

如果管理者想要通过奖金来激励员工，提升员工的工作积极性，管理者就需要及时支付奖金，使员工更清晰地感受到工作与奖金之间的联系。切不可拖延奖金的发放，欺骗往往就是员工工作积极性的最大敌人。

针对性

当一个团队通过合作达成某一个目标时，管理者会以团队为单位发放奖金。而这种方式会使那些在团队中劳心劳力的员工心生不满，因此，管理者也要对个人贡献进行关注。

总而言之，当管理者充分了解了员工的实质需求，进而执行相应的绩效管理制度时，才能对员工的工作效率和积极性起到激励作用，才会使员工获得归属感和存在感，从而更好地为公司服务。

第四章
共情式说服，构建双赢的上下级关系

"晓之以理，动之以情，许之以利"就是很好的共情式说服。管理者只有站在下属的角度观察、思考和分析问题，才能掌握下属内心的真实想法，满足对方的潜在需求，最终赢得下属的信任和服从。

1. 说服前，先了解下属内心的想法

一些管理者经常抱怨，无论是工作安排、职位调动，还是针对某件事的合理意见，总是引起下属不同程度的抵触情绪。为此，管理者需要通过沟通来说服下属接纳他们内心所排斥的命令，而"晓之以理，动之以情，许之以利"也被看作是最为有效的说服技巧。

然而，有时候在管理者的攻势之下，一些下属仍不愿满足管理者的要求，出现拒绝加班，拒绝职位调动，排斥当前工作等行为。导致这种结果的根源，就在于管理者没有了解下属内心的真实想法，甚至未加思考就鼓动下属去"明理""承情"和"趋利"。如此一来，非但管理者说服毫无成效，还使得双方之间的矛盾越发不可调和。

管理者在说服下属之前，站在对方的角度上来看待所涉及的问题和事物，有助于充分理解对方的想法，使说服变得客

观、易于接受。避免因对某些问题的认识出现差异和分歧导致说服难以取得成效。比如，当管理者提出某一个令人难以接受的观点和要求时，可以将自己代入下属的身份，思考"对方为什么会提出这种观点和要求？""什么样的表达才能让自己接受？"等。在准确把握下属的角色和地位，了解下属内心可能存在的想法后，管理者的说服才能赢得下属的信任和理解。

比如，临近下班时间，管理者提出需要某位员工加班做一个方案，资料齐全，只需要稍微整合，再做一个PPT，最多两三个小时，会支付加班费用。但员工们纷纷表示晚上有事，约会、见客户、照顾孩子等，拒绝加班。管理者表示这个方案很重要，由于客户着急需要加班完成，又不是无偿加班，希望大家体谅一下。然而，员工依然选择了拒绝。

排除所有员工都有事的情况，一般来说，有些员工会认为加班安排比较突然，不愿被临时事件打乱自己的生活节奏，或者300元加班费并不是迫切需求，劳累了一天不想加班。这就导致管理者一味"打感情牌"，是无法说服员工留下来的加班的。如果管理者了解员工的内心想法，就可以以调整休息时间为突破口，比如："我知道大家辛苦了一天都很累，这样吧，今天加个班，明天早上晚点来公司也行，总归让大家休息好。"

当管理者提出的观点和要求被拒绝时，管理者就需要考虑：

是不是任务安排太过仓促，让下属感觉无法完成或者难以完成，与其失败被批评，不如直接被批评。

是不是任务的难度因既有条件的缺乏而提高。一些管理者总是希望下属能够拿最少的预算，取得最大的利益。这种方式对下属完成任务的积极性是一种打击，毕竟没有人愿意将大把的时间浪费在与他人不断讨价还价上。

是不是担心因多方面掣肘而影响自我发挥。没有自由的权限是影响下属工作积极性的一大因素，一些管理者总是喜欢指手画脚，使下属失去自由发挥的空间。

是不是与其他参与工作的人无法配合。团队协作的氛围对完成某项工作很重要，如果两个人意见不合或关系不好，就会互相避免去完成同一项工作。

是不是当前安排的工作缺乏自信。如果管理者安排的任务完全是陌生的，不顺手的，那些只管一亩三分地的下属都会因为缺乏完成任务的自信而不敢接受任务。

总之，下属不愿接受任务的原因有很多。因此，管理者在说服之前，一定要了解下属内心的真实想法，才能够"对症下药"，通过共情的沟通方式来使下属接受自己的观点和要求。

2. 放低说服的姿态，给下属以自尊

一些管理者在面对下属时，总是怀有一种很强的优越感，职位上的差异驱使着他们必须摆出一种高姿态来显示自己的权威。尤其在说服下属的过程中，他们往往态度冷漠，对下属的抗拒行为表示反感，完全忽视对方的抵触情绪。在这样的高压环境下，双方的心理距离愈行愈远，致使下属的反抗更为坚定和强烈。因此，管理者只有放低自己的姿态，满足下属的自尊需要，才能做到共情式说服。

百度CEO李彦宏无论在公司会议上，还是日常工作中，他都乐意放低姿态来表达自己的意见以及听取下属的意见，这种行为无疑让下属得到了尊重。在平等的上下级关系之下，管理者与下属之间的沟通才会更加顺畅。华为董事长任正非也曾表示："企业领导者唯有打破上下级之间的界限，灵活主动地与员工进行无障碍沟通，才能从员工那里听到真话。"

在说服下属的过程中，管理者如果能够放低自己的姿态，尽量顾全对方的面子，就能够使对方更容易接受自己的观点和意见。

比如，为了开发北方的市场，公司计划在北方建立一家子公司，并将一名经验丰富的员工任命为总经理，全权负责此事。但是，这名员工却拒绝了这项职位调动。此时，管理者就需要去说服对方接受这件事。

假如管理者摆出一副高高在上的姿态，在办公室与对方面谈。管理者一般会询问对方拒绝的原因："听说你拒绝了公司的任命，为什么？"

员工回答说："我认为自己能力不足以担任这个职务，应该找一个无论是管理经验，还是市场经验都很丰富的人。况且我的家人都在南方，他们一定不会赞成这个工作调动。"管理者的强势使沟通气氛太过压抑，为了维护当下双方的关系，避免节外生枝，员工一定会以个人或家庭原因作为托词。

管理者继续说服："这是公司对你的信任，对你个人的能力也是一种锻炼和提升，对你的事业发展也是有好处的。"

员工回答说："我明白公司领导的苦心，但我还是想多陪陪我的父母，而且我也刚结婚不久，还是希望公司能够将这个机会留给更优秀的人。"

如果管理者继续以强权压制，"这是公司的决定，我不希望你拒绝。"，双方的对立情绪会更加强烈，导致冲突的出现。

总体来讲，沟通之初的气氛已经决定了整个说服过程中走向，管理者的高姿态已然激起了员工的反感情绪，无论管理者"晓之以理"，还是"动之以情"，员工内心只是一味地想要凭借各种理由来推脱任命，快速结束这场谈话。

而如果管理者在说服过程中懂得放低姿态，就会产生不一样的效果。假设沟通地点仍设在办公室，管理者需要坐在会客的沙发上，并为对方倒一杯茶，使沟通的气氛处于一种轻松的状态，再询问对方拒绝的原因，"为什么拒绝了公司的任命，是不是有什么困难？"。

此时，员工就更容易表达内心的真实想法。假设对方依旧以个人或家庭原因进行推辞，管理者可以转换角度，让对方发表对这件事情的看法，"在你看来，这件事情的难点在哪？不要有顾忌，畅所欲言。"

员工就会吐露心声："我觉得这件事对下面的员工来说是一个很大的挑战，因为职位算是平级调动，但工作的强度和难度却远超当下，而且薪资上也并没有什么调整，谁也不愿拿着相同的工资，干更难的事。听说派往北方的员工大多都是新人，这也会成为管理工作的阻碍。"

当员工表达出真正的想法之后，管理者就可以针对对方所关心的点进行解释或安抚。比如："我完全理解你的想法，其实，派往北方的员工虽然是新人，但他们都在北方工作过很长时间，他们熟悉当地的市场，这对工作开展来说是一项优势，而且他们积累的人脉也会对工作有所帮助。至于薪资这方面，当前确实是这样，如今你已经算是处于事业的瓶颈期，职位晋升的机会不高，薪资变化也不大。但如果你去主持这个项目，是对你能力的一种提升，眼界、格局、经验等。三五年之后，你调回总部，无论是晋升机会，还是薪资调整，肯定比现在平级的同事更有优势。我还是希望你能够慎重考虑一下。"如此一来，员工就会认真地思考管理者所说的话，权衡利弊。

因此，管理者在说服下属的过程中放低姿态，一定要注意以下几点。

场合

沟通的场合是奠定交流气氛的基础，适当的场合能够让员工保持一种轻松的状态，放下戒备。比如，会客室、茶水间、公司的健身房等脱离工作性质的场所。

情绪

沟通本质上是情感的交流，而积极的情绪往往能够拉近双方的心理距离。因此，当员工表示拒绝后，管理者一定不要出现板着脸、皱眉等严肃的表情，避免对立情绪的产生。

言辞

管理者应避免官话、套话等太过正式的言辞，可以适当地点缀俏皮话、笑话等。通过诙谐幽默的方式将抽象的道理讲清楚。

管理者放低自己的姿态，有助于满足下属的自尊需求，消除下属的戒备心理，让对方更愿意听进管理者的"理"，使说服的过程更加顺利。

3. 满足潜在的诉求，让员工自动自发

很多企业在招聘时都会问面试者一个问题："你能接受加班吗？"加班问题已然成为职场竞争中的一个关键。一些企业将激情工作、无偿加班、鼓励奉献等，看作是一种积极向上的企业文化，对"狼性""996工作制"倍加推崇。

然而，从短期来看，这种强制性加班的行为的确有助于公司业绩的提升，但从长远的角度分析，不仅会将员工的活力和创造力消耗殆尽，还容易增添他们的不满情绪。无论对管理者还是下属，强制性加班都不是一件幸事。下属的自我意识、自由时间被剥夺，容易丧失对生活的掌控感，导致消极情绪的出现；管理者缺乏合理表达的指令，会极大地破坏彼此之间和谐的人际关系，不利于下属的工作积极性。

深圳有一家著名的网络公司，引导员工主动加班的手段极为高明。这家公司规定下班时间为五点半，而公司会在六点半提

供免费的班车，而一些员工为了避开下班晚高峰或节约坐车的费用，都会自愿加班到六点半。除此之外，公司在晚上八点会提供一份丰盛的工作餐，又有一些员工不愿在工作一整天后还要亲自下厨而选择加班。如果员工在公司工作到晚上十点后，就能报销回家的路费，这样就又有一批员工为了等待十点而选择留下来加班。这家公司就是腾讯公司。

因此，在加班的问题上，管理者一定要倾向于引导，而不能是命令。命令具有强制性，给人一种侵略感，下属内心一般会出现类似条件反射的抵触。即使下属迫于权威，执行加班命令，但由于内心的排斥感，加班也会变成应付了事，缺乏工作效率。而引导性策略却不然，它没有强制性要求，而是通过满足下属的潜在诉求，引导下属加班。就像腾讯公司的制度一样，为了更舒心的交通工具，为了丰盛的晚餐，为了节省打车的费用，下属自然而然就会选择主动加班。

那么，管理者应该考虑员工的哪些潜在需求，才能更好地引导他们主动加班呢？

"衣食住行"

"食"是指免费的工作餐。员工在劳累一整天之后，能吃上一顿美味的晚餐是一种极大的享受。而回家自己做饭终归是令人烦恼的事，费时、费力、费心思，快餐也只是为了满足饱腹的需求，并不能带来愉悦感。公司提供的免费工作餐能够满足员工对晚餐的需求，管理者也不必考虑众口难调的问题，一切工作餐以健康可口为标准即可。

"住"是指公司提供的公寓。对于大多数单身独居的年轻员工来说，房子只是一个休息的地方，回家之后，也不过是一个人看剧、打游戏。受限于交通或门禁，他们需要在规定时间返回住所。如果公司能够提供免费的公寓，比起打发时间的电视剧和游戏，员工就更愿意通过加班来增加自己的收入。

"行"是指班车和报销车费的政策。与腾讯公司的政策一致，针对员工对挤地铁、挤公交的反感情绪，以此来实现员工自动加班。

积分制管理

如果只靠政策引导，效果也并不显著。所以，管理者一定也要满足下属的物质和精神需求。就像华为公司的加班政策有三个驱动力：指标、待遇、末位淘汰机制。

管理者可以实施积分制管理政策，积分虽然不是金钱，却能够发挥比金钱更大的功效。比如，员工加班一小时可以获2分积分，将全体员工的积分累计排名，这样员工之间的差距就会拉开。高积分可以为员工带来：办理各种保险的优先权；免费旅游权；领取高额年终奖；办理通信等补贴的优先权；公司的干股分红等。公司的重点奖励就能够使那些经常加班的员工得到物质和精神上的双重回报，解决加班积极性的问题。

引导员工主动加班是一种管理艺术，管理者需要满足员工潜在的诉求，创造加班的条件，即使没有公开条例鼓励加班，员工也会心甘情愿地选择加班。

4. 推心置腹讲厉害，打动下属的心

"感人心者，莫先于情。"没有比由衷而发的感情更能够打动人心的了。情感驱动着人们的心理活动，主导着人们的行为。而管理者的说服工作，在一定程度上可以看作是情感的征服。管理者只有善于利用情感技巧，动之以情，才能打动下属的心。

情感交流才是沟通的桥梁。一些管理者经常抱怨，无论自己怎么讲，下属都听不进自己的意见，其根源在于管理者没有使对方感受到自己的善意和关心，也就无法打动对方的心。以职位、制度强迫下属执行命令，就很容易引起他们的抵触和反抗。

比如，暴雨天气，突然有客户反映故障，需要维修服务。管理者将任务下达给下属，而下属却表示："他没看见外面正在下雨吗？"

一般来说，管理者会训斥一番："下雨怎么了？客户需要维

第四章
共情式说服，构建双赢的上下级关系

修，你就得去。年纪轻轻就这样没有敬业精神，你看看你这是什么工作态度？你现在马上出发，如果客户投诉，你这个月的奖金就没了。"

下属很可能因内心的不满情绪变得冲动："我就这态度，今天既然说到这了，那我就告诉你，我不干了。"

假设公司的职位需求不高，这名员工会被辞退，但会为公司增加额外的培训成本。但如果这名员工的技术为公司所需，一时无法找到替代的人选，为了维护公司的利益，管理者又需要劝慰和安抚对方，得不偿失。

如果管理者在说服的过程中推心置腹，晓之以理，动之以情，讲明利害关系，让下属意识到自己并没有任何个人目的和企图，而是真心实意为他的利益着想，下属就更容易接受这种本能抵触的任务。

当下属表示"他没看见外面正在下雨吗？"，其实是对客户的一种抱怨和不满，觉得对方不体谅自己，如此恶劣的天气还要让自己出门，但本质上并未对这项任务作出否定。

这时，管理者表现理解下属的想法，使彼此产生共情，"就是，下这么大雨，也不想想咱们怎么去，歇一会，等雨停了再去吧。"。

而下属就会自动考虑后果，询问如果拒绝客户会不会出现什么问题？管理者可以说："也是，如果遭到客户投诉就麻烦了，公司领导追究下来，你我这个月奖金就都泡汤了，还是去看看好。没事，不着急，等雨小一点再去吧，如果领导问起来，我帮你求求情。"

当下属感觉到管理者的善意时，就不忍心再连累对方，就会主动去完成这项任务，"这个雨也不知道要下到什么时候，我还是现在就去吧，如果客户真投诉了，我自己没事，再连累你就不好了。"而此时，管理者只需要叮嘱下属路上注意安全就可以了。

但是，如果管理者表示理解之后，下属却不为所动，依然表示不愿接受这份任务。管理者就需要先动之以情"这种情况别说你不愿意去，我也不愿意去"，再晓之以理"不过，说实话这种天气上门维修，我如果是客户也得感动。其实，和客户打好关系是一种好事，你出现什么失误时，他也能够理解和体谅，等下次遇到这种情况，如果不是遇到紧急情况，他一定不会催着去维修的。如果我们得罪了他，投诉是免不了的，就怕他以后经常找你麻烦，就像小李一样，得罪了那个老太太之后，每个月的奖金都没有超过三位数，何必与他们置气呢？你说是不是！"。

当下属将情绪发泄出来之后，管理者的说服才真正开始起作用。如果下属一直处于负面情绪的状态，无论管理者说什么，他们都无法接受，更不要提心平气和地面对管理者的说教了。对管理者来说，推心置腹，以柔克刚，让下属感受自己的善意，才能让他们接纳自己的规劝和说服。

第四章
共情式说服，构建双赢的上下级关系

5. 求同存异，达到下属的目的

每个人都是独立的个体，难免在相处中出现分歧。如果管理者急于将下属的理念全盘否定，将自己的观念强行灌输给对方，就难以达到说服的目的。因为说服从某种意义上来讲，就是一种否定，而否定就会引起对方的反感。

心理学家曾表示："一个人的信念常常在不知不觉中产生，如果有人试图使我们打消这种信念，我们一定会为了成全自尊心而不愿屈服。"这也就意味着管理者在说服的过程中，不能一味讲述关于某件事的利害关系，还要懂得求同存异。"求同"是为了拉近彼此之间的关系；"存异"是为了让对方客观地看待不同的意见。

比如，公司举办了一场关于护肤品的路演活动。管理者希望能够营造一个优秀的品牌形象，推广到更多的人，而负责销售的员工认为应该在短时间内，尽可能卖出更多的商品，打开市场，哪怕促销打折也无妨。双方利益目标不一致，导致协商的过程极为困难。

如果管理者只是一味将自己的想法灌输给下属，就很难让对方接受自己的理念，比如："我们是在打造一个品牌，必须从长远的角度考虑，不能随便打折，如果搞得像超市大促销一样，还有什么品牌形象可言？"

而下属也会有自己的想法，双方各执一词。比如："我无法理解您说的品牌形象，我认为只有打开市场，让这件商品流通，让更多的人看见，才能提高知名度，才有资格去谈品牌形象的事，而打折促销就是最快的方法。"

此时，管理者继续作出解释已经毫无意义。因为管理者的理念已经全盘否定了下属的决策为这款产品带来的价值，引起了双方情绪的对立，而对方也会因对立情绪的存在对管理者的任何观点都进行反驳。如此一来，说服就变成了争辩。

如果管理者以一种求同存异的态度进行说服，就更容易让对方接受。这种态度避免了"否定"带给人的直观冲击，通过引导对方发现彼此观念中的共同点，让对方感受到认可，从而消除对方心中的戒备，为接下来的转折作铺垫。

比如，管理者可以这样说服："这场路演的目的是将这款产品推向大众，以获取最大利益。你的理念很棒，对扩大受众群体，引进流量来说十分有效。在此基础之上，我们如果能打造

第四章 共情式说服，构建双赢的上下级关系

出一个优秀的品牌形象，变'量'为'质'，同时加大销售力度，那么我们不仅能够获取更多的利益，还能有效延长产品的市场寿命。所以，我们也应该避免某些方式对品牌形象带来的损害。你觉得呢？"如此，既满足了下属对自身观念的维护，又向对方传递出更有价值的信息，使说服变得合情合理。

因此，管理者在说服下属的时候，语气要委婉，不要直来直去。生硬的反驳之语不仅给人一种强势的感觉，而且还会伤害到对方的自尊心。管理者不妨将"你这样是不对的"改成商量的语气。比如，"你的观点很好，不过我觉得是不是可以那样，说不定那样会更好呢？你再想想""我们能不能换一个角度来考虑？你看这样行不行？"等。

这种商量的语气，不会给人强烈的压迫感。这不仅是一种对别人的尊重，还是一种礼貌，同时也是一种让我们能够赢得别人好感的说话之道。当管理者认可下属的观念，即便对方不想接受我们的意见，也会对你的意见保持尊重。

说服的目的是尽量让下属接受管理者的意见，因此，管理者在面对意见相左的情况下，尽量用商讨或询问的口吻，不要用命令或过于绝对的语气，以免给对方造成不适或者心中排斥。而且这种说服方式，还能够让管理者随时保持冷静，有足够的时间思考接下来要说的话，能够减少说错话的概率，并且会让管理者赢得下属的尊重。因为在这种情况下，哪怕对方的观点

是错误的，并且被管理者反驳掉了，对方也会"心服口服"。

在说服的过程中，管理者肯定下属意见的态度要恳切，语言要中肯，而且要注意对方的情绪变化。否定的时候，语言表达要清晰，而且不要一副居高临下的态度，可以这样说："我觉得你提出的方案这个方面说得很好，不过有一些地方还能做得更好，咱们不妨一起探讨下。"这样能够使对方更加容易接受你的意见。

事实上，"先肯定后否定"还可以理解为"正面进攻"难以奏效，"曲线"方能"救国"。在说服过程中，有些事情管理者持反对意见并没有什么用，先找到彼此的共同点，肯定对方的价值，反而更容易达到目的。

6. 幽默式拒绝，让下属欣然接受

在一个团队中，下属免不了提出自己的请求或要求，作为一个管理者，就必须去面对下属的各种要求。而如何妥善地处理这些要求，是管理工作中不可怠慢的一部分。

林肯在就任美国总统之后，一些人经常试图通过他牟取利益。有一次，林肯在散步的时候遇到了一名贵妇，贵妇激动地抓着他的手，请求说："伟大的总统，我希望您能够给我儿子一个至少上校级别的职位，而且，我们的家族也值得拥有这样的职位。"

林肯询问缘由，贵妇解释说："我的祖父参加过雷新顿战役，我的叔父是布拉顿斯堡中唯一没有逃跑的人，我的父亲参加过纳奥林斯之战，而我的丈夫也死在了曼特莱战场上。"

听完贵妇的解释，林肯回答说："我代表全体美国人民对你的家庭表示感谢，你的家族三代人都在为国奉献，请你能不能给其他人一个报效国家的机会。"

拒绝往往是一件令人不悦的事情，但以一种幽默的方式去拒绝别人，让对方在笑声中忘记拒绝所带来的不愉快，从而欣然接纳。

每个人都存在对自尊的需求，尤其在社交场合中，大多数人都会关心他人对自己的评价和对待自己的方式。外界批评的好坏，对待方式是否合理，决定着一个人的自我价值和人生态度是否会变得积极。因此，管理者在拒绝下属时，一定要顾及对方的尊严，切勿以权威压人，不容反驳，不容抵抗，避免因不合理的拒绝方式导致下属消极怠工，影响正常的工作效率和进度。

一些管理者之所以在下属表达请求后感到为难，就存在这方面的担忧。一来管理者需要顾忌实际情况是否允许；二来管理者也要考虑拒绝是否能够为下属带来消极态度。而心理学中存在一种防御机制——"诙谐效应"，它是指当一个人遭遇尴尬时，合理地使用幽默，能够自我解脱，达到心理的安宁。

所以，幽默地表达拒绝不仅会让下属乐于接受，也能够使管理者变得安心。一个懂得共情的管理者一定要掌握幽默式拒绝，只有这样，才能既把拒绝带来的伤害最小化，避免戳伤对方的自尊，还能够得到对方的谅解和支持。并且，幽默往往能够拉近双方之间的距离，让对方心生亲近。

那管理者该如何用幽默巧妙地拒绝下属的要求呢？

曲解式幽默

曲解是指将对方所说的话故意进行荒诞的解释，以一种轻松、调侃的态度产生幽默的效果。比如，一名员工因私人原因经常迟到，希望管理者可以适当调整上下班时间。这时，管理者就可以说："晚一点上班？为什么啊？是嫌门口打卡器的时间跑得太快了，那我去劝劝它，让它跑得慢一点。虽然我和它交情很好，但我觉得它不会同意，因为它好像只会听老板的。"

承转式幽默

承转是指先顺承对方的意思，对对方的所表达的意见加以肯定，转而说出相反或不同的观点。比如，一名员工工作不认真，不积极，经常请假，当他向管理者提出休假要求时，管理者可以说："本来休假没有问题，可是我算了一笔账，虽然一年里有365天可以工作，但上班的时间只有8个小时，所以工作时间只有91天。你每天还会花费30分钟喝咖啡，每年喝咖啡的时间就是23天，每天中午你又花掉了一个小时，而工作的时间就只剩下了22天。通常每年你都会请两天事假，如此一来，你的工作时间就只有20天，公司每年都会有5个假日休息，所以，你只干15天的活，而且你现在一年的年假是14天，总体算下来，你就工作一天，难道你还想要请假吗？"

即兴式幽默

结合当下的情景，以借喻的方式表达拒绝的意思。比如，一名员工因家具店要送一套沙发到家里，他必须回家开门验收，但他一旦离开，势必会影响工作的进度。这时，管理者就可以说："我能够理解你，贵重的物品运到家里而没有人开门的话的确是一件麻烦的事，所以，我很想给你假。不过问题是公司必须在今天将材料交上去，不然那个大'沙发'一样进不来公司，甚至可能长腿跑掉。你是我的助手，我离不开你的帮助。不过你可以通知家具店明天送货，我可以给你足够的时间去处理这件事……"

拒绝的技巧体现了一个管理者的交际能力。在拒绝下属的时候，管理者不妨尝试使用诙谐幽默的语言，更容易被对方理解和接受，避免出现一系列的麻烦。

第四章
共情式说服，构建双赢的上下级关系

7. 给下属一个台阶，不动声色地说服

在工作中，管理者都应该懂得给自己的下属留有余地，不让别人为难，才是不与自己为难。适当地给下属一个台阶，不仅有助于管理者权威的形成，还能够营造良好的人际工作环境，构建一个双赢的上下级关系。

杰克·韦尔奇在任职通用电气总裁期间，接到了一个需要妥善处理的命令：免除查尔斯计算部门主管的职务。在电器领域，查尔斯是一个不可多得的人才，却不适合做一名计算部门的主管。

为了让查尔斯接受这项决定，韦尔奇在自己的办公室召见了查尔斯，他说："查尔斯先生，现在有一个通用电气公司顾问工程师的职务，我暂时找不到合适的人选，准备由你担任。"

查尔斯高兴地回答说："没问题，只要是公司的决定，我乐意接受。"并主动卸任计算部门主管一职。

韦尔奇对查尔斯的职位调动如此顺利的关键，就在于给了对方一个台阶，避免了因情绪波动出现冲突，不动声色地说服了他。这个"台阶"的核心分为两点：一是正确的沟通场合，韦尔奇并未选择在会议上免除查尔斯的职务，而在自己的办公室私下沟通，维护了他的面子，避免了尴尬的出现；二是委婉的表达方式，韦尔奇以查尔斯的优点掩盖了他的不足，只是说他更适合作为一名顾问工程师，不说他并不适合计算部门主管的职务，让他在认可中消除抵触情绪。同时，查尔斯已经意识到了问题所在，但韦尔奇的做法明显给足了自己尊重。于是，他也就心甘情愿地接受了公司的职位调动，皆大欢喜。

在日常的工作中，管理者难免需要作出某些令下属不悦的决定，如果采用委婉的暗示方法，就既能让对方明白自己的意思，又能使对方体面地下台。给对方台阶，也是给自己台阶。如果管理者讲话做事都不懂得给人留有余地，维护其面子，往往就容易造成僵局，不利于后续的沟通和工作。

当下属在工作中出现一些问题时，管理者不必急于采取严厉责备的态度，避免双方在今后的工作中出现情绪对立，导致管理者的指令或建议无法得到有效的执行。而且，一个人的进步往往是由无数次教训累积而成，但每个人对失败的接纳程度是不一样的，有些人经历一次失败就会丧失信心和勇气。当他们认定自己是一个失败者后，在面对具有挑战性的工作时，就会

第四章
共情式说服，构建双赢的上下级关系

不断暗示自己：你不能再失败了，你一定要小心，向最好的方面打算。

一旦员工被这种消极的信条所束缚，那他在工作中注定无法集中注意力。而最好的方法就是帮助他们找一个台阶，让他们意识到自己只不过是跌了一个跟头，并未失败，维护其工作积极性。如此一来，管理者就更容易受到下属的尊重和敬佩。

"经营之神"松下幸之助说："我不可以对任何事说不，对于那些我认为算是过得去的计划，大可在实行过程中指导它们，使它们重新回到我所预期的轨道上来。一些操作性不强的计划我们还要放一放再说。我想一个领导人有时应该接受他不喜欢的事，因为任何人都不喜欢被否定。我们公司是一个团队，并不仅仅是我一个人的公司，而是需要大家的群策群力，妥协有时候使公司强大、人际关系融洽。"

管理者懂得顾全下属的面子，在说服他们的时候就会发现事情变得易如反掌。即使明知道下属错了，又何必张扬着让对方下不来台呢？不动声色地帮助下属遮掩错误，远远胜于当面把话点破。

第五章
共情式关怀，提升团队向心力

所谓共情式关怀，是管理者能够设身处地体验下属的处境，感受和理解下属的情感，从而更为有效地对其进行情绪管理，避免因管理者的主观意愿导致双方对立，从而使整个团队更具凝聚力和向心力，使团队工作顺利而高效地展开。

1. 叫得出每个下属的名字

心理学家表示，在人们的心目中，自己的姓名是最美好、最动听的东西。而共情能力的基础就在于洞察对方的需求并加以满足。如果在沟通中能够叫出对方的名字，就更容易得到对方的认同。

对管理者来讲，叫得出每一个下属的名字是一件非常重要的事情。每个人都希望被重视，当管理者能够亲切地喊出下属的名字，从某种意义上是对他们的赏识和尊重，让他们产生受重视的感觉。同时，管理者能在短暂的接触中记住对方的姓名，是对其人格魅力的彰显，也是一种无形的赞美，尤其是一些具有一定地位或管辖范围较大的管理者。因为，通过这样一个细节，下属能够真切地感受到管理者并没有拘泥于某一个身份，无差别地给予了每一个人尊重，而且管理者温情、亲善的作风也会深入人心，至少在沟通气氛上能够迅速缩短上下级之间的

第五章 共情式关怀，提升团队向心力

距离。

如果双方共事很长一段时间后，管理者依然未能记住下属的名字，或者在谈话中张冠李戴，甚至忽略名字的存在，以"你""那个男生""新来的那个"作为称呼，会在无形中放大管理者与下属的距离，彼此之间产生一种疏远感、陌生感，使双方的心理隔阂再度提升。

所以，一个优秀的管理者一定能够记住下属的名字。就比如，拿破仑能够叫出麾下很多军官的名字，他平时在军营中巡视，偶遇某位军官时，经常叫出对方的名字并谈论对方参加过哪些战斗。美国总统罗斯福也认为："在交际中，最明显、最简单、最能得到好感的方法，就是一开口就叫出下属的名字。"

罗斯福深受美国人民爱戴，不仅是因为他的领导能力，还有他独特的人格魅力。克莱斯勒公司曾经送给他一辆特制的汽车，为此，设计师张伯伦和一名机械师一同访问白宫。在见面之初，罗斯福就叫出了张伯伦的名字，并听取了他的设计说明，至于那名机械师，在离别握手之际，罗斯福同样叫出了他的名字，并感谢他到华盛顿来。

在离任总统第二年，罗斯福访问白宫之际，依然记得每一位工作人员的名字，并亲切与他们打招呼，询问女厨爱丽丝是不是还在烘焙玉米面包，并夸赞她的面包味道很好。而且，据说罗斯福的助手佛莱能够叫得出5万多人的名字，这也是他深受人

们爱戴的原因之一。

一些管理者认为，只要下属记住自己就足够了，又何必记住所有人的名字呢？虽然名字只是一个人的代号，但记得对方的名字不仅仅是尊重与否的问题，也是一个人自身修养和共情能力的体现。最重要的是，忽视这种生活中的细节，往往会导致管理者与下属之间的沟通难以深入，使管理者无法得到下属的认可和支持。即使是一名新入职的员工，如果管理者能够清晰地叫出他的名字，也许在某一时刻就能获得具有深远意义的谏言，所以，管理者为这些细节所做的努力也绝非只是徒劳。

所以，管理者一定要记住下属的名字，并在偶遇下属时尽量主动说出他们的名字，让他们感受到自己的重视和亲近，提升他们的工作热情。因此，在沟通过程中，管理者一定要注意以下几点，方便自己记忆下属的名字。

认真倾听

每一个人对自己名字的重视程度远超常人的想象，管理者在与下属初次见面时，一方面要认真倾听对方说话；另一方面也要着重记忆对方所说的重点。如果没有听清对方的姓名，管理者一定要再询问一次"您能再重复一遍吗？"，最好是确定对方的名字是哪几个字，管理者可以说"你能告诉我你的名字怎么写吗？"。

联想记忆

很多时候，瞬间记忆并不可靠，管理者可以将对方的名字随手写下来，并在书写的同时联想一些对方的特征，帮助我们记忆。比如，身材、发型、香水等特征。将对方的名字联想成一个比较好记忆的词语或者与对方的职务和工作联系起来。

重复记忆

管理者可以在沟通中，尽量多使用对方的名字，通过重复加深印象，或者将对方介绍给其他同事，也能够帮助管理者记忆。

作为管理者，在见到下属的那一刻叫出他的名字，会让他产生一种莫名的亲切感。就像卡耐基在讲到"如何使人喜欢你"时，所列出的原则："记住一个人的名字，把它当作最甜蜜、最重要的声音。"

2. 察言观色，细微之处关怀下属

人文关怀在管理中起着举足轻重的作用，也是现代企业必备的基本素质。而对管理者而言，除了打造以人为本的企业风尚，在细微之处关怀下属，对提升团队凝聚力、向心力也有着巨大的推动作用。

松下幸之助在自己的餐厅招待客人，为一行六个人点了牛排。当客人用餐完毕时，松下特意派人将餐厅的主厨请了过来，助理见到董事长的牛排只吃了一半，以为主厨在烹调上出了纰漏。

主厨知道这次的客人很重要，紧张地问道："是不是我做的牛排有什么问题？"

松下回答说："烹调对你来说已经不成问题，但是我只吃了一半，原因并不在于你的厨艺。牛排很好吃，你是一位非常出色的厨师，但我已经80多岁了，胃口已经大不如前了。"

第五章 共情式关怀，提升团队向心力

餐厅主厨和客人面面相觑，一脸迷惑。松下解释说："我之所以想当面与你面谈，是因为我担心当你看到只吃了一半的牛排被送回厨房时，心里难过。"松下特意向餐厅主厨解释原因，使得对方十分感动，而受邀前来的客人也更加钦佩他的人格。

关心和善意往往比其他礼物更能产生良好的效果。一个懂得时刻关注并在细微之处关怀下属的管理者，将完全俘获下属的心，提高其工作积极性。同时，这种行为也会被所有下属看在眼里，对管理者来说，是一种人格魅力的彰显，对自身威望的建立有着不容忽视的作用；对企业而言，能够提高团队的集体向心力，激发下属为企业效力的使命感。

新型冠状病毒性肺炎疫情期间，大多数理发店都未营业，一些管理者了解到员工因过长的头发对工作和生活造成了困扰，及时请理发师上门，提供了公益理发服务。除此之外，杨絮肆虐的季节，为员工发放口罩；为专制司机编排"爱心健身操"等都能够在细微之处体现管理者的关怀。

从细节处关怀是一种共情的表现。如果一个管理者关注生活的点滴，注意细节，通过一些微不足道的事情来温暖下属的心，会使下属在不经意间，感受到来自管理者真诚的关怀和体贴。可以说，关注细节是一种管理的艺术，能够折射出一个管理者的品质和修养。

但是，一些管理者并不在意下属的情绪和感受，在沟通的过程中，往往一心多用或者充耳不闻。也许管理者这种心不在焉的状态并非刻意，却会让下属感受到管理者对中层或底层员工的轻视和冷漠。一旦下属因此出现不满情绪，他们往往会忽视管理者的指令或警示，甚至对管理者分派的工作也是敷衍了事。因为这种行为在本质上是对下属的一种不尊重。长此以往，管理者和下属在相处过程中，彼此忽视细节的恶性循环就此出现，为整个团队，甚至整个企业埋下可怕的隐患。

因此，管理者一定要关注细节，通过察言观色，判断下属的情绪或心理变化，从细微之处给予对方真诚的关怀。有时候，下属的一个姿势、一个眼神都会暴露内心的情感和渴望。而管理者需要做的就是抓住这些细节，体会对方的情感，满足对方的需求。

下属不时接听私人电话

如果下属频繁接听私人电话，并不希望让他人得知自己的谈话内容。一般来说，他当下有一些私人事务需要处理，但碍于工作并不能离开岗位。此时，管理者应该询问对方是不是有十分紧急的事情。如果对方实在不愿意挑明，管理者可以表示如果对方需要，自己能够批他的请假，并安排其他人来完成之后的工作，让对方自主选择。

情绪反常

当下属的情绪和行为和平常大相径庭时,就意味着他存在某种潜在的需求。比如,一名员工经常与管理者有较为密切的沟通,敢于公开表达自己的意见,但最近却十分反常,缺少了平日的活力。这种情绪的低落极有可能是因为遭遇了某些不开心的事情,而作为管理者,即使无法获得整个事件的构成,简单表示一下关心就能够使对方获得很大的安慰。

沟通中突然的沉默或回避

在团队沟通或私下沟通的过程中,如果下属出现突然的沉默或回避态度,绝大部分原因是对管理者的观点或言论产生了不满,管理者需要及时点明这种情况,比如:"是不是我说的有什么问题?我看你突然不说话了。"当对方表示异议后,管理者需要对自己的观点和言论作出客观解释。

总之,管理者要学会察言观色,洞悉周围的"隐患",察觉到下属的情绪和心理反应,给予对方适当的关怀。

3. 化解怨气，让下属把不满说出来

通用电气的CEO杰克·韦尔奇曾经说过一句经典的话："让下属把不满说出来。"而这一观点也被大多数管理者奉为圭臬。懂得让下属发泄不满，并用恰当的方式化解对方的怨气，是一个优秀的管理者必备的素质。

表达不满在本质上是一种沟通，能够实现上下级之间的信息交流。对管理者而言，倾听下属发自内心的不满和抵触，有利于管理者察觉和调整企业中不合理的管理制度或手段，使其行之有效，提高管理的权威性；对下属而言，当下属的意见得到管理者及时的反馈，在一定程度上会消除自身的顾虑和猜疑，提高工作积极性，从而增强企业的竞争实力。

作为管理者，将所有工作都做到滴水不漏是一件不现实的事情，总会出现一些决策不合理、管理不到位、奖惩不公平的情况。如果管理者不能合理看待下属的不满情绪，反而试图掌控

或驾驭对方，就会导致下属的不满和怨气积少成多，直至冲突和对抗爆发，使得企业出现管理危机。

因此，"懂得让下属将不满说出来"才是一种明智且有效化解下属怨气的好方法。在这个过程中，管理者需要保持诚恳的态度，客观地分析和处理下属所表达的不满。

在通用电气公司的管理模式中，倾听员工的意见成为管理者管理工作的一部分。这种制度使得员工更愿意说出内心的意见，与管理者进行真诚的沟通。

在一次会议上，一位工作20多年的员工表示，他十分热爱通用电气公司，但不得不说一件涉及公司管理的蠢事：他的工作是操作一台精密的仪器，需要戴手套。但在工作工程中，手套很容易损坏，他需要不停地向管理者申请新手套。而在这个过程中，他必须先找一个人来维持机器的运转，然后到仓库填写表格，送到主管办公室核实，再返回仓库领取新手套。整个过程大概要花费一个多小时，严重影响工作效率和热情。

在一番调查之后，管理者才知道库房原来曾遗失过一箱手套，所以才会出此规定。经过短暂的思考，他立即修改了这项规定，将手套放在使用者的楼层中，方便取用。

通常来讲，员工的不满情绪主要来自薪资、工作环境和同事关系。在面对员工表达的不满时，管理者首先要保持一种积极的态度。

营造和谐的沟通气氛

在谈话之处,由于下属心中有怨气,说话难免会有"火药味"。营造一个和谐的沟通氛围,让下属能够暂时平缓自己的情绪尤为重要。管理者需要在言行举止中表达自己的诚意,让下属感受到自己的态度,拉近彼此心理上的距离。否则,由于沟通气氛的不当反而会加深管理者与下属之间的矛盾和隔阂。

乐于接纳

抱怨本质上是一种发泄情绪的行为,存在倾诉对象的需求,而抱怨者一般会选取较为信任的对象进行倾诉。作为一个管理者,如果能够接纳对方的抱怨,并鼓励他尽情发泄不满,就能够获得他的信任,为了之后化解怨气打好沟通基础。

客观分析原因

怨气的出现意味着某些事物侵犯了员工的利益和权益,很可能是团队工作中的某一个环节出现了问题。管理者就需要尽可能地去了解员工产生不满的原因,并站在客观的角度分析问题的根源,为之后解决问题打下事实基础。

当管理者与下属处于一种和谐的沟通氛围中时,该如何化解对方的怨气呢?

如果因客观决策或管理的失误,使下属出现不满情绪,管理

第五章 共情式关怀，提升团队向心力

者就需要在安抚对方的同时，及时了解真实情况并加以调整，化解怨气。

如果下属因主观想法而心生怨气时，管理者不妨采用激将法，有目的地刺激对方，使他从自我压抑中解脱并化压力为动力。比如，员工因看不惯学历低的人比自己工资高而心生不满，管理者可以表示："学历低不代表能力低，他不过是在恰当的时机展示出了自己的能力。你不妨也展示一下自己，最近新项目进展困难，你敢不敢要这个机会。如果你能够很好地完成这个项目，公司也一定会提拔你的。"

如果下属因无法正确看待自己而心生怨气时，管理者可以使用辩证法帮助他们剖析自我，正确认识自己，也正确认识他人。比如，一名技术员因与年度优秀技术员工称号失之交臂而心怀不满，管理者可以开导说："你确实是一个尽职尽责的员工，无论是出勤还是工作，你都做得非常好，但在专业技术上，不可否认，你仍然和团队的最高水准存在差距。如果你能够再努力一下，我觉得明年的优秀员工一定是你的。"

总而言之，化解下属的怨气时，管理者应该说朴实之话，道肺腑之言，让下属感受到自己的开明。在缓解下属的不满情绪之后，管理者也不能忘了立足于实际，为下属解决问题，从根源上消除下属的怨气。

4. 抓住特别的机会，向下属表达关心

《地形篇》中说道："视卒为婴儿，故可以与之赴深溪；视卒如爱子，故可与之俱死。"如果管理者能够做到像对待孩子一样关怀下属，就能获得下属的信任和忠诚，提升团队向心力。而这样的团队，往往无往不胜。

一家公司的采购员张茜因车祸导致小腿骨折，住进了医院。行政部送去了鲜花和水果，派人及时慰问员工。采购部的李经理私下找到了她的同事，希望他们抽时间去医院看望一下，并在临走之前拿出了一个红包，让他们代为转交，表达自己的一份心意。

当张茜收到红包之后，十分感动："李总对我们真的很好，而且很大度，我之前因为工作的原因和他吵了起来，没想到他不仅不计较，还这么关心我。"

张茜在休病假期间，公司接到了一个大项目，人手不够。

第五章
共情式关怀，提升团队向心力

李经理尝试给她打电话，询问她能不能来上班。第二天，她就拄着拐杖来到了公司，并表示："现在大家都很忙，公司又差人手，我只是腿上不方便，拄个拐杖就可以，不耽误手上的工作。"在私底下，她还经常和同事讲，李经理人很好，亲自给她打电话询问能不能上班，还不要勉强自己。她心里过意不去，就坚持来上班了。

站在管理的角度上来看，给予下属关怀的意义在于满足人与人之间的社交诉求。当双方在基于平等关系、互相尊重的情况下，管理者的关怀会使下属认为彼此是站在统一战线的伙伴，而并非只是单一的雇佣关系。同时，管理者发自内心的关怀，也满足了下属心理层面上对尊重和理解的需求。如此一来，管理者与下属之间的良好关系，使得双方在之后的工作中能够相互理解，将彼此不同的建议和观点融合进行讨论，更容易达成共识。除此之外，来自管理者的关怀在一定程度上会激发员工的主观能动性，自我驱动，使整个团队更有凝聚力。

对于管理者来说，看似微不足道的付出，却能够换来下属的认可和尊重。而越多的下属表示认可和理解，就越有利于管理者当下和之后的工作开展。并且，如果管理者能够抓住一些特别的机会向下属表示关怀，获得的效果也就更为明显。

那么，什么样的时机才能够放大管理者由衷的关怀呢？

下属的生日

一般来说，很多人都会在乎自己的生日，并选择和家人或朋友来一起庆祝生日。管理者需要记住下属的生日，并在这一天向对方表示祝贺，以奖金、蛋糕、鲜花等富有仪式感的方式传递自己对下属的关怀。如果管理者能够趁机讲一些赞扬或鼓励的话，还能够起到锦上添花的作用，带给下属难忘的记忆。对于任何人来说，被他人记住生日无疑是一件备受感动的事，而管理者通过这样一个小小的举动就能够轻松获得下属的好感。

下属的身体状况

管理者关心下属的身体健康，并亲自去探望，是一种体恤下属的表现，更是赢得下属好感和敬重的一种途径。这一举动体现了管理者不仅只是看重下属为公司带来利益的能力，还表现出管理者对下属的人文关怀。同时，管理者也可以适当对下属表示认可，比如："平时你在公司的时候不显，现在你生病了，总感觉在工作中少点什么，同事的工作也不顺利。你要安心把病养好，我们都盼着你早日康复呢。"

欢迎和送别的机会

职位变动是职场中最常见的事，因此，欢迎和送别也是凸显管理者关怀的最佳时机。一些管理者总是会忽视这个和下属增进感情的机会，对对方的去留漠不关心。但实际上，无论去还是留，都会使人们的情绪或心境波动较大，此时一些小小的关怀都能够给对方留下深刻的印象。因此，对于新晋员工，管理者要及时表达自己的关注和重视；对于变动离开的员工，管理者也要表示出希望对方前程似锦的祝愿。

下属情绪低落的时候

无论是工作原因，还是生活原因，当下属遇到挫折时，情绪难免低落，工作效率也会随之受到影响。此时，管理者适时地安慰和帮助，往往比平常更容易抓住他们的心。并且，相较于强迫，鼓励和安慰也更容易使他们忘掉不愉快的事，不至于因个人情绪而不断影响工作。管理者可以以朋友的身份来询问下属发生了什么事，目的在于帮助对方排解压力，缓解负面情绪，使其安心投入工作。而这一过程就是一个情感激励的过程，能够使对方感受到管理者由衷的善意。

作为管理者，只有懂得关心下属，在适当的时机送去属于自己的一份温暖，才能够收获下属的感激和尊敬，提升整个团队的向心力。

5. 关心下属，更要关心下属的家人

一个人最关心的不外乎家庭和事业。事业固然重要，但对绝大多数人来说，工作的目的就是为了使自己的家庭更幸福。如果管理者能够对下属的家庭施以恩惠，自身的关怀就能取得事半功倍的效果。因此，管理者在关心下属的同时，也要懂得关心下属的家人。

日本麦当劳的董事长藤田在每一位下属的太太过生日时，都会派人从花店购买鲜花送给她们。收到鲜花的太太们十分高兴，因为有时自己的先生都会忘记自己的生日，而董事长却记在心上，而藤田也因此经常收到来自下属的感谢。

在每年的联欢会上，藤田要求所有已婚的下属都需要带着自己的"另一半"参加。在宴会上，除了表彰优秀的员工外，藤田还会郑重其事地感谢太太们对家庭的付出："各位太太们，你们的先生都为公司付出了很多，我已经给予了各方面的奖励。

但有一件事我还要请求各位太太们帮忙,那就是照顾好你们的先生。我希望把他们培养成一流的人才,帮助他们实现人生的梦想,当然也同时促进了你们家庭的幸福。可是要想更加细致地照顾和关怀他们,这个重任就只能交给你们了。"这番话使在座的太太们深受感动,也在无形中使得员工更愿意为公司服务。

通常来说,大部分下属都会受到家庭问题的影响,比如,夫妻、子女、长辈等诸多方面的问题。如果这些问题得不到有效解决,势必会影响到下属正常的工作效率和情绪。如果管理者能够对下属的家庭进行关怀,即使无法解除对方的顾虑,也能够让对方感受到自己的善意。

轻卡集团销售部副总经理曾前往公司一线员工的家中走访慰问,通过深入交谈了解了员工的生活现状和面临的困难。比如,一位怀孕五个月的员工妻子诉说了自己独自产检的辛苦;一位年轻员工的父亲详细了解了公司的情况和孩子事业的前景等。这次访问进一步拉近了员工及其家属和公司的距离,激发了员工的工作热情。

管理者要做到关怀下属的人家,最好能够经常到下属家里进行走访。在走访的过程中管理者还需要注意以下几点。

向家属汇报下属的工作情况

管理者在与家属沟通的过程中,除了让家属掌握下属基本的工作情况之外，还可以向他们汇报下属的工作成绩，让家属为他们感到骄傲，从而使他们更为支持自己亲人的工作。但是，无论是优点，还是成绩，管理者一定要实事求是，避免因夸大其词而使对方感到不自在。

了解下属的家庭情况

如果管理者选择走访，就一定要充分了解下属的家庭情况，比如，家庭人口、家庭经济状况等主要问题。其目的在于对下属的家庭进行帮助，增进与下属及家属的感情。同时，管理者也要注意，在了解家庭情况的过程中，要注意分寸，因人而异。如果下属的家庭情况比较殷实，就不必再过多追问其家庭的经济条件。

对下属表示重视和欣赏

下属的家人毕竟和自己的下属有区别，管理者不要轻易地进行批评。最好的办法是采取另外一种形式——赞赏。在对下属进行家访的时候，管理者应当回避其缺点和错误，回避其做得不对的地方，赞赏他们做得好的地方，这样就可以取得很好的效果。同时，下属在工作上作出好的成绩，当然离不开家属的支持。管理者对家属说些表示感谢和赞赏的话会使家属感到自己的劳动受到肯定和尊重，这样他们会拿出更大的热情去支持家属的工作。

管理者对下属的家人进行关心看似是一件小事，但这种行为往往能够发挥出良好的作用，让下属感到莫大的欣慰和鼓励，从而重视和执行管理者的每一项指令。一名猎头曾试图帮助客户猎聘"海底捞"的员工，却被对方严词拒绝，甚至没有一个员工愿意接受对方所开出的条件。其根源就在于"海底捞"不仅对自己的员工关怀备至，同时也不忘关心员工的家人，甚至员工的家人都能够享受公司的一系列福利待遇。

因此，管理者对员工家属的关心是有必要的，无论是物质还是精神上的关怀，都能够对员工进行有效的激励，提升整个团队的向心力。

6. 不要过度关心下属的朋友圈

如今，朋友圈已经成为大多数人展示个人生活，宣泄内心情绪的渠道。在一些企业中，管理者在不经意间翻看下属的朋友圈，通过对方发布的动态，就能够捕捉到对方最近的心态变化和个人生活。

对管理者而言，翻看下属的朋友圈信息是了解下属的一种方式，对工作中的相处有积极作用。但过于关注和评论下属的个人生活，就有逃脱不了上下级关系的意味，即使是关心，也会让下属感到不耐，甚至是厌恶。这也是大多数员工会选择在朋友圈中屏蔽管理者的原因。

2020年疫情期间，一名员工发布了一张朋友聚会的朋友圈，管理者平时十分看重这名员工，出于好意，提醒员工尽量减少公众聚会，而且不要在朋友圈等媒体公开发布自己的聚会信息，以免带来不必要的麻烦。这件事的结果就是，员工关闭了管理者翻阅朋友圈的权限，而管理者也因此感到失落。

第五章
共情式关怀，提升团队向心力

一些员工将工作和生活区分得很清楚，并不希望工作上的关系来打扰生活的清净。虽然管理者的提醒，是一个非常重要的善举，但却会因工作中上下级的关系，而显得过于干涉下属的私人生活。在工作中，下属要受到管理者的制约，而生活中突如其来的说教，会使得下属格外不满。

一些管理者关注下属的私生活，其目的是关心下属，拉近彼此之间的距离，加深彼此之间的了解，使互相之间的工作更为顺利。但朋友圈毕竟属于私人空间，作为管理者，评论或干预对方的私人生活，难免会触及对方的底线，引起对方的不满。如果管理者将眼之所见的事物过分聚焦于自我，而忽略客观事实以及对方的主观意识，就容易加重双方之间的矛盾，势必对整个团队造成内耗。

当管理者发现自己被下属屏蔽之后，内心的情绪也会随之出现波动，尤其是一些得到过自己帮助和提携的下属，会使管理者的自豪感和付出感瞬间崩塌，产生消极情绪。如果管理者无法正确处理这些消极情绪，就很容易在之后的工作中对下属产生偏见，从而作出错误的决策，使整个团队遭受损失。

心理学家曾表示，人是具有多面性的，大多数人不希望将最真实的自己展示给其他人，尤其是在工作环境中，他们更希望将自己最好的一面展示给管理者和同事。但每个人都需要表达和宣泄内心的情绪，而私人空间性质的朋友圈就是最好的途径，将自己不好的一面释放出来。如果管理者因下属朋友圈发布的信息中，出现对工作抱怨和沮丧的情绪，而错误地将其看作是下属对当下工作的否定，进而导致管理者看似关怀的举动下，会使下属处于一种尴尬的境地。

比如，当管理者看到下属频繁发布或转发一些悲观消极的信息时，如30岁的不堪就定义了一个人的未来、公司剥削员工等，误认为员工存在离职的打算，希望下属能够缓和情绪，从而将对方调离当前职位。然而，不明缘由的下属并未产生离职的想法，却会因失去管理者重视而颓废，最终只能辞职离去。

最愚蠢的事情就是将自己的理解强加于别人，将所有的结果都当作自己的过程来解释，并一直认为自己是正确的。

对于下属在朋友圈中发布关于消极情绪或"吐槽"工作的信息时，管理者需要做到：允许这种事件的存在和发生，不要轻易将下属情绪的表达看作是对工作的不满，理解下属将工作和生活分开的想法，随其自然；尊重对方发布任何信息的权利，不要过于干涉下属的个人生活，同时发掘事物存在的意义，如宣泄情绪，为生活制造仪式感等。

如果管理者实在放心不下，就可以找一个适当的机会，在不具备工作性质的时间和场合来简单谈论一下这一问题，在表达关怀的同时也要注意切勿深入沟通，其目的是消除管理者内心的担忧。也许事实上只是一个很简单的理由，"我今天很开心""我今天很难过"而已。

第六章
共情式训导，让批评更易被接受

在训导下属时，管理者一定要做到平等和尊重，消除下属的对立情绪，才能使双方之间的沟通变得有效。

1. 对下属的批评要尽显善意

提到"批评",大多数人脑海中都会出现这样一种情景:管理者正襟危坐,言辞激烈地训斥下属,而下属则或惴惴不安,或极力争辩,内心处于一种高度紧张的状态。批评的目的不在于贬低或打击对方,而在于帮助对方认识,并纠正自己的错误。但批评本质上是一种指责,如果批评的方式不当,对方关注的焦点只会聚集在管理者对自己的否定,而不会意识到自己的错误,出现强烈的抵触情绪。

面对下属的错误,如果管理者没有采取恰当的方式,就使得批评成了双方冲突的导火索。比如,"这件事我重复了无数次,为什么你总是犯同样的错误呢?""我看你真是无药可救了"等,批评的对象从行为上升到个人或者言辞中吐露出极端的愤怒、厌恶等情绪,很容易使管理者和下属陷入对峙的状态,双双丧失理智和判断力。

第六章
共情式训导，让批评更易被接受

如果在批评中添加些许的善意，让对方更容易接受，使沟通保持一种和谐的气氛。比如，以理解开篇："可能你也没有意识到哪里出了错误。""这件事出现了失误，我知道你尽力了。"理解能够给人一种亲近感，尤其是在当事人意识到自己的行为导致了某些损失时，因为此时他们更需要别人的心理支持。

英国的一家博物馆里陈列着两幅藏画：一幅人体骨骼图，一幅人体血液循环图。这两幅作品出自一位名叫"约翰·詹姆斯·麦克劳德"的小学生。

约翰在上学的时候，想亲眼观察一下狗的内脏，便悄悄宰杀了一条狗，而这条狗恰恰是校长家的。校长听说之后，教育他说："我喜欢你追求未知事物的好奇心，但抓狗毕竟是一件危险的事，以后一定不要这样做。这样吧，我就处罚你为我们画张人体骨骼图和人体血液循环图吧。"校长善意的批评让他意识到自己的错误，也保护了他的好奇心。

批评的过程是管理者与下属在思想上互相交流和认同的一个过程。管理者越是理解、诚恳地对待下属，就越能够获得下属对自己的重视和接纳，而善意的批评就是这样一种"忠言不逆耳，闻过不动怒"的批评。所以，管理者在批评下属时，一定不要凭空猜测，使用一些尖酸刻薄的语言，毕竟让下属领会自己的批评才是最重要的。

那对于管理者来说，该如何在批评过程中表达自己的善意呢？

以建议为主体

批评之所以让人难以接受，是因为大多数人在批评过程中只顾着自己发泄不满的情绪，而忽略了帮助对方纠正错误的最终目的。无论管理者批评的言辞多么委婉，都无法在表达过程中掩盖自己对他的否定。

而以建议为主体会掩盖批评潜在的侵略性，通过对比更容易让下属意识到自己的错误，从而更容易接纳批评。更多时候，下属会将这种批评看作是现实进步和改善的指导手段，感受到管理者的善意。但管理者一定不要剔除批评的态度，要让下属意识到自己的错误带来了某种不利的后果。

真诚的态度

批评要保持一种真诚的积极态度，这样会使沟通保持一种良好的氛围，也会使下属以积极的心态来面对批评。比如，在批评时保持一种积极的口吻："如果你能……我会很高兴""我想如果你采用这样的做法，你一定会做得不错""能让这件事变得更好的一个方法是……"。

有的放矢

在进行批评之前，管理者一定要明白批评是针对的哪一种行为，是对方能够明确你是在负责任地批评他。很多管理者为了避免批评使下属产生抗拒，会尽量用一些委婉的语言来表述。比如，将"喜欢打架斗殴"说成"为赢得论点及吸引注意面诉诸体力手段"；将"说谎"说成"难于区分幻想与实际"；将"作弊"说成"有待进一步学习公平竞争的规则"。虽然，这种表达避免了言语刺耳，却失去了批评的态度。

所以，批评一定要明确自己的观点，表示自己真心关注下属出现的这个问题，并乐于帮助对方解决。

就事论事

一些管理者在批评下属的时候，喜欢翻旧账，比如，"对了，之前的那个项目和这个是一个情况吧，一样出问题""顺便说一下，上次那件事情……"等。这虽然也算是一种批评的方式，但就批评而言，悉数对方以往的错误，会降低当下错误的强度，下属很可能会认为管理者是因为缺乏道理才会通过翻旧账的方式来批评自己。这样就会导致下属反驳行为的出现，或者误以为管理者对自己有成见。

批评本身就是一件令人不悦的事情，所以，管理者在批评的过程中需要考虑的是，如何让这次沟通更快捷、有效。而善意的批评既能够达到批评的目的，又能够维持管理者和下属之间的关系。

2. 顾及下属自尊，避免口不择言

缺乏共情力的管理者总是不分场合、不顾方式地对下属的缺点和失误进行批评，甚至以辞退或罚款等方式威胁下属。自尊心受挫的下属就会本能地排斥、反驳批评，而不是倾听、思考和改正。

一家公司迎来了一名重要的客户，负责此事的李察却因为迟到让客户在机场等了一个多小时，令对方心生不满。李察的上司得知此事后，在办公室大骂李察的失职和无能。李察因工作的失误本来就情绪低落，在上司带有侮辱性批评的刺激下，与对方争吵了起来。

这件事最终惊动了客户和公司老板，客户因怀疑公司的管理能力而终止了合作。李察引咎辞职，他的上司也因管理问题受到了处罚。

大多数管理者选择公开批评下属的原因一般分为三种：无法

合理控制自己的情绪，从而丧失理智，急于让下属意识到他的错误和对公司造成的损失，发泄内心的愤怒；为了给下属留下深刻的印象，不惜伤害其自尊，以达到使其重视此类错误的目的，也就是管理者口中的"长记性"；以个人案例警示全体员工，达到以儆效尤的目的。

但他们似乎忽视了一个人对尊重的需求，这种"当众处刑"的方式很大程度上会刺激下属的心理，导致愤恨情绪的出现，引起公然对抗。那么，如何才能避免因批评的场合和言辞让下属感到难堪呢？

切勿公开批评

批评不可随时随地进行，一定要讲究合理的时间和地点，才能使批评发挥最佳的效果。批评的过程中一旦有第三者出现，难免对让对方认为自己丢了面子，特别是批评中存在着比较。

比如，当着所有员工批评说："看看你，真差劲，能不能先把自己的基础能力练好？你看和你同期进入公司的人，哪一个还像你一样犯这种低级错误。人家小刘学历还没你好的，从进公司以来，什么时候出现过这种错误？"

即使需要在公开场合处理下属的错误，也要懂得事先与对方进行沟通，让对方做好心理准备，避免出现较大的情感起伏。

当一个人意识到自己的错误，一般会感受羞愧不安，而突如其来的公开批评会无端增加他内心的愧疚，而周围人的漠视和嘲笑也会导致愧疚向抵抗和痛恨心理的转化。

注意控制情绪

无法管理负面情绪会使管理者丧失理智，从而导致言辞苛刻，中伤他人。即使没有第三者在场，过于激烈的言辞也带有强烈的攻击性，无异于践踏下属的尊严，而下属在遭受"侮辱"之后很大程度上会产生相应的抵触或报复情绪，用以对抗对他施加"侮辱"的人。

比如，"这点小事也做不好，你脑子里装的都是屎吗？""我算是看出来了，你不是粗心大意，你就是智商不够，我真怀疑你是怎么从学校毕业的？你的老师智商也不够吗？"

管理者使用带有挖苦、讽刺的言辞进行批评，是一种轻视他人的态度，也是缺乏修养、没有风度的表现。而且这种批评方式放大了对下属的指责，而忽略了批评的初衷。即使下属表面顺从，暗地里也会对管理者怀恨在心，甚至故意搞破坏，不利于公司的稳定。

尽量取得下属的理解

同样的内容通过不同的方式表达出来，产生的效果也会不同，批评也是如此。管理者可以尝试通过交流的方式来取得下属的理解，让对方意识到自己不过是在针对某件事或某个行为进行分析，避免对方将批评主观上升至有失颜面的层次，让对方理解自己的苦衷。如果管理者一直利用权威、施压进行批评，自然而然容易误导下属的认知，将其看作是侮辱。即使管理者的表述再有道理，下属也不会去理解，更不愿按照管理者的意愿改变自己。

作为管理者，批评是必要的，但在批评的过程中一定要把握好技巧。如果一味按着自己的性子来，不顾及下属的自尊，就会令他们产生抵触情绪，影响工作积极性；如果批评过于轻描淡写又无法达到批评的效果。因此，管理者在批评的过程中爱护下属自尊的同时，也要让对方意识到自己的错误。

3. 责人之前先责己

批评很容易造成管理者和下属的对立关系。如果管理者全程都在努力彰显自己的正确性和权威性，下属就只能被迫沦为被否定的对象，难免出现抵触心理。

如果管理者在批评下属之前，先针对自己的失误进行批评，就能够改善这种对立关系，有利于下属心平气和地接纳批评，并且认识和纠正自己的错误。"责人之前先责己"有助于消除下属内心的对抗情绪，促使下属产生愧疚感和负罪感。当下属在批评之前听到的不是对自己的指责，而是管理者的自我批评和对他们的宽容和谅解，他们会更愉快地接受批评。

松下公司受日本整体经济影响，电器滞销。在公司召开的会议上，一名销售经理说："造成今天亏损严重的局面，主要是总公司的指导方针有误，作为公司负责人要检讨自己的过失。"

第六章
共情式训导，让批评更易被接受

松下幸之助训斥说："总公司的指导有误是难免的事，可是也存在许多经营状况良好的企业，是你们太缺乏独立自主的精神，不会随机应变，才导致亏损如此严重，怨不得别人。"

之后，松下幸之助大声指责各地的销售代表推卸责任，而各地代表也指责总公司和董事长的决策失误，持续三天的会议在不断争吵中度过。

在最后一天的会议中，松下幸之助一改之前的态度，说道："出了这样的事，我作为董事长，难辞其咎，我一定会认真研究大家的意见，也希望大家能够不遗余力地维持稳定的经营。最后，还是请大家原谅公司决策的不足之处。"

听了松下幸之助的这番话，销售代表们也一改之前的态度，纷纷认错道："董事长不必如此，是我们经营不善。""恩，是我们不够用心，该反省的应该是我们。"

就这样，松下幸之助以"责己"之姿化解了销售代表们的对抗情绪，并使得他们再次团结起来，去寻找解决方案。作为一个批评者，尤其是处于管理位置的批评者，会给人一种独有的强势感。而自我批评的方式往往是建立在平等和尊重的基础上，更容易让犯错者反省自身。

卡耐基认为在"在批评别人之前，先谈自己的错误"是说服他人的最好方法。

在批评下属之前，管理者要反省的点包括两个方面。

下属犯错，自己的责任在哪里？

下属犯错，自己作为上司，自然也不能一点责任没有。比如，在下属犯错时，检讨自己有没有通知下属项目相关的原则、规定和目标等要求，有没有为下属提供相应的工作条件和资源；有没有进行必要的组织协调、培训和指导等。

自己有没有犯过和下属类似的错误？

在批评别人之前，想想自己是不是犯过类似的，甚至比对方更愚蠢的错误？

卡耐基在秘书约瑟芬犯错的时候，本来想借机批评他，但马上抑制住了冲动。他告诉自己，自己的年纪可是约瑟芬的两倍多，生活经验比她多一万倍。自己凭什么要求一个19岁的小姑娘不犯一点错误呢？

最后，他对约瑟芬说："约瑟芬，今天早晨你犯了一个小小的错误，不过你用不着难过，我像你这么大的时候，犯下的错误比你还多，比你还糟糕。谁都不可能天生就万事精通，而且你又比我年轻时强得多，所以我也没有资格去批评你或任何其他人。但我还是想建议你以后应该……这样是不是更加省力一点呢？"

当你用这种方式提醒下属的错误，会让下属不由自主产生亲近感，同时也会对你的委婉和体贴心怀感激。

　　作为管理者，在面对下属的错误时，勇于自我批评，不计较个人得失，在帮助下属找出问题症结所在的同时，也能够为下属树立一个很好的榜样，提高团队的凝聚力。

4. 轻话说重，重话说轻

　　一些管理者因担心影响员工的工作积极性而不愿批评他们，只是一味作出引导或指示。但在职场上，犯错是一件常有的事情，而及时改正和补救，才是每一个员工获得成长的必经之路。

　　放任下属犯错，其结果就是不断重复所有的错误，连累整个团队，下属也无法进步和成长。如果为了指责下属的错误，管理者严词批评，将他们骂得狗血淋头，他们大多数会选择充耳不闻，继续我行我素。只有管理者的话能够被下属听进去，批评才有价值。所以，一个优秀的管理者不仅要敢于批评，更要善于批评。

　　在批评的过程中，事情越轻，错误越小，话越要说得重一些；事情越严重，错误越大，话越要说得轻一些。这是为何？因为从心理学角度分析，日常的小错误往往不能引起人们的

第六章
共情式训导，让批评更易被接受

重视。在大多数人的认知中，小错误带来的损失和影响微乎其微，也不会对当下的工作带来干扰，但是，如果这种犯错误的行为逐渐形成习惯，迟早有一天会出大问题，所以，需要用重话来引起当事者的注意，警示其严重性。

如果犯下严重的错误，当事人一般会出现强烈的恐惧感和愧疚感，因为这种错误带来的损失具有直观性和即时性。这时，就需要把话说轻，缓解当事者的心理压力，避免其作出某些冲动行为。

医生面对不同患者的言语很好地诠释了这种"轻话说重，重话说轻"的说话方式。当患者出现一些尚可控制的疾病时，医生一般会嘱咐说："回去之后你一定要注意，这可不是什么小事""你这样下去不行啊，不然发展成什么样都有可能"；可当患者出现绝症时，医生一般会安慰说："没事，不要有心理负担，现在这个病的治疗手段已经很成熟了"。

作家刘墉在装修新房的时候，没有时间去现场，导致装修的进度很慢。刘墉在一位朋友建议下，和装潢设计师客气地说道："所谓疑人不用，用人不疑，这件事我是完全交给你了。如果做得不对，将来我也不会直接和工人说，也是会和您说，并且只要按时完工，我挑不出什么毛病，一定会如数付钱。"

刘墉的话很委婉，却展示了自己的严苛。他的意思是："只要没有按图施工，我就会拆；如果没有按时完工，我就一定会扣钱。"毫无疑问，但刘墉重话轻说的方式就很容易让对方接受。

在职场中，"轻话说重，重话说轻"也不失为一种妥善的批评方式。比如，一名员工经常迟到，虽然并没有对工作产生多大的影响，如果管理者总是警示"你下次要早点来啊"，就无法让对方提起重视。越是这种情况，管理者就越是要将问题说得严重，如"架子越来越大啊，总是让我们一屋子人等你，你是觉得所有人的时间没你的时间值钱呢？还是觉得这份工作不值得你认真对待呢？""根据公司规定，一个月迟到3次就可以直接开除，这已经是你这个月第5次迟到了，人事部那边现在和我讨说法，你告诉我，我应该怎么回复他们？"等。

如果员工真的因迟到而对公司造成了严重的损失，这时，管理者使用柔和的态度，反而会产生更好的效果。当员工意识到自己犯了无法挽回的错误时，内心一定会惶恐不安，管理者的批评只会增加他的心理负担。而"重话说轻"就是帮助他缓解和释放这种压力，以安慰为主，就事论事，切勿上纲上线。如，"这次对公司造成的损失，你自己也看见了，我们知道你不是故意的，我们所有人都没有责怪你的意思。但你以后真的需要努力才行，不然怎么对得起我们大家对你的信任呢？"这句话没有一句批评，却字字都是批评。安慰员工的过程也是指正员工错误的过程，只不过是以表达信任的方式。

对管理者而言，在意一件小事，是为了警示下属"一件事小不小，并不是由你决定，我不过是在防微杜渐"。这种行为能够体现出一个管理者的眼界和掌控感，树立管理者的权威。而不在意大事，反而在意员工的情绪，能够让员工在意识到自己错误的同时，感恩管理者。这种批评方式，能够让管理者收获更多的忠心。

管理者拥有职场天然存在的权利，如何行使这种权利是一门管理的艺术。批评也好，处罚也罢，其目的都是为了将工作做好。所以，管理者一定要清楚，如何表达批评意见才是最有效的。如果无法合理掌控批评的力度，那么管理者收获的不过是自身情绪的宣泄和下属暗中的不满和诽谤而已。

5. 保龄球效应，用赞扬代替批评

保龄球效应是行为科学中的著名效应，是指当保龄球队员一次击倒七只球瓶时，一名教练说："非常好，打倒了七个！"队员深受鼓舞，努力将剩余三只球瓶打倒；另一名教练说："怎么回事，还有三只没有倒呢？"队员在面对教练的指责时，心生不满，认为教练没有看见的自己努力。用赞美代替批评的教练所率领的球队成绩远远超过了另一个球队。

在职场中，管理者对待下属也是如此。凯斯·罗伯在管理中就合理地用赞扬代替了批评，因一位新印刷员的操作不当，使得产品没能达到质量要求，凯斯在与他交流的过程中表示非常满意他的工作，将他的成果看作是最好的成品，并希望他能够再接再厉。一段时间之后，该印刷员的工作情况大有改观，变得越来越细心。

心理学家表示，当人在意识到自身错误时，一般会出于自卫，无视或抵制外界否定的声音。但用赞美代替批评，不仅能够让对方认识到自己的错误，还能使对方敞开心扉，乐意接受和改正自己的错误。这种批评方式就像包裹着糖衣的药片，既不会让人感觉苦，又能够起到治疗的功效。

那么，管理者该如何合理地用赞美代替批评呢？

将批评融入赞美之中

批评其实是管理者的一种期望，希望下属能够意识到并改正自己的错误，而赞美能够最大限度降低批评的侵略性，更容易使对方接受。而且，在赞美的"糖衣"之下，批评更像是一种建议和鼓励。

比如，美国第30任总统约翰·卡尔文·柯立芝，批评在日常工作中经常因粗心而犯错的女秘书时说道："今天你穿的这身衣服真漂亮，正适合你这样年轻漂亮的小姐，但你也不要骄傲，我相信你的公文处理也能和你人一样漂亮的。"之后，女秘书很少在公文上出错了。

将批评放在赞美后面

欧美的一些企业家习惯使用类似"三明治"的批评方式，即在批评下属的过程中，以赞美或肯定对方的优点开篇，然后婉转地提出批评，再使用一些赞扬的词语收尾，使沟通在一种良好的氛围中结束。

共情式管理

其优势在于管理者提及下属的优点或长处，能够替对方起到辩护的作用，对对方的能力、工作、成果进行肯定，会让对方意识到管理者看到了自己的努力。就像保龄球效应中，肯定队员打倒七个球瓶的教练所达到的激励效果一样。如果对下属值得肯定的方面视而不见，就会使对方认为自己的成绩或长时间的努力没有得到相应的关注和重视，从而将批评看作是管理者出自主观意愿的针对。

管理者的赞扬就是为了消除下属对自己可能产生的误会，表明自己关注且认可他们的成绩，只是针对某一件事或某一个行为来提出批评。这种方式往往能够最大限度避免下属采用辩解来维护自己的自尊心。

比如，修建某大型运动场的工作因停电而被迫停止。负责工程建设的黎女士在与电力部门的经理交谈时，说道："早就听说你的能力优秀，是个不可多得的人才，合作之后才发现，果然名不虚传。你专门负责这次项目的电力供给，如果这个项目无法按时完成，我们虽然经济上会有所损失，但想必你的职位也会因此受到牵连。当然，我十分相信你能够迅速解决这一问题，毕竟你的能力是有目共睹的。"

适度且具体的赞美

一些管理者之所以不愿用赞美代替批评，是因为他们没有感

第六章　共情式训导，让批评更易被接受

受过赞美所带来的强大力量。在批评的过程中，过度的赞美往往会使人心生警惕，早早等候着管理者赞美之后的"但是"。比如，"小王啊，之前的项目完成的太棒了，我就知道你一定会不负众望，还有之前的那个项目……"突如其来的长篇大论，反而会使下属意识到管理者是来兴师问罪的，将注意力集中在之后的"但是"上，而赞美也就失去了效果。而笼统的赞美更像是一种敷衍，用意过于明显，管理者反而会因赞美而显得做作。比如，"小王，最近做得不错，但是……""我一直都看好你，但是……"。

管理者无论采用哪种方式，下属都不会在意赞美，他们只会关心表扬之后有什么坏消息降临。所以，管理者将赞美代替批评时，一定要注意分寸，适度且具体的赞美才能让下属感受到管理者的真诚。

在批评的过程中，用赞美代替批评会使"批评"成为激励下属上进的力量，而不是一次意外的打击。管理者的适度赞美和工作上的认同，会让下属感受到人格的尊重，也乐于接受批评。

6. 选择恰当的时机和场合进行批评

如果管理者不分场合，不顾时机地批评下属，效果肯定差强人意。比如，公开的批评会令下属感到颜面尽失，无形中会增加内心的心理恐慌和危机感。

李恪是一家公司的安全员，负责在工地巡视，提醒那些忘记戴安全帽的工人。每次遇见没有戴安全帽的工人，他都会不分场合地严厉斥责，甚至问责工人的领导。

"我看你们的安全教育存在很大的问题，这是你这个领导的失职，为什么戴安全帽？是为我戴吗？别怪我说话难听，我还不是为了你们好，对你们负责，对你们的家人负责。"

工人表面上接受了他的训导，心中却十分不满，尤其是负责管理员工的组长，暗中大骂他拿着鸡毛当令箭，对他所说的安全问题愈发排斥。之后，每天工人远远地看见李恪就马上戴好帽子，他走之后就摘下来。为此，李恪郁闷不已。

一位项目经理为他支招："你不如私下和工人谈论这个问

题，不必每次都将工人聚集到一起，特别是在人多的地方。"

李恪再发现没有戴安全帽的工人，便私下问他是不是帽子戴起来不舒服，或者存在什么不合适的地方，最后好意提醒一下戴安全帽是为了保护自己不受伤害，希望他们在工作的时候一定要戴好安全帽。

在公众场合批评下属是管理的大忌，或许只是管理者习惯使然，但这种批评方式很难达到批评的目的。每个人都希望维护自己的面子，下属在面对管理者的公开指责时，更多时候会关注同事对自己的看法，而忽视管理者的批评。

当着第三者的面批评下属，会直接降低自己在下属心中的地位，损害自己作为一名管理者的管理效能，使管理工作更加难以开展。同时，公开的批评在下属看来更像是对其尊严的践踏，容易打击他们的工作积极性，而且公开批评的行为也会体现出管理者的冷酷残忍和不近人情。

我们这里说的不宜作为批评的场合，不仅包括公共办公区、会议室等公开或半公开的场合，还包括一些有第三者在场的私人空间。除了场合之外，批评还要选择恰当的时机。

心理适应时机

当下属意识到自身的错误时，必然会产生一些心理反应。比如，恐惧，担心遭受领导的批评；愧疚，寻求弥补失误的途径；愤怒，对某些失利因素心怀怨恨等。管理者需要考虑到下属的心理状况，避免在下属尚未正确认识自身错误且毫无准备的情况下进行批评。

当下属事先做好心理准备，或者直接向管理者求助时，内心才真正处于一种乐意聆听的状态。这时候，管理者的批评才能取得良好的效果。

（2）情绪适应时机

当下属的情绪因受刺激正处于极度兴奋的状态时，是无法听进去任何人的意见的。比如，两名员工因琐事大吵一架，管理者立刻针对两人的错误进行批评，不但对解决问题毫无裨益，甚至会导致他们迁怒于自己。

当一个人能够心平气和地站在客观立场发言时，才是批评的最佳时机。所以，管理者需要暂缓批评，先仔细调查问题出现的原因，以及当事人的态度，等双方情绪稳定之后，再有分寸地进行处理。同时，管理者也需要关注自身的情绪，避免因自己过分情绪化的表现而激起下属的抵触情绪，导致得不偿失。

管理者如果不管不顾，完全不在意场合和时机，随意进行批评，很大程度上会适得其反，不但达不到批评的目的，反而会激发彼此之间的矛盾。所以，选择恰当的时机和场合，给下属保全颜面的空间，才能够使批评获得最佳的效果。

第六章
共情式训导，让批评更易被接受

7. 巧妙暗示胜过当面指责

批评能否被下属所接纳，言辞温和并非必要条件，巧妙的批评方式才是关键。用暗示代替当面指责，会给人一种"犹抱琵琶半遮面"的感觉，既能够让下属意识到自己的错误，又不会让他们觉得颜面和信心荡然无存。

当一个人的自我保护意识增强，逆反心理就会产生，就无法理性分析自己的错误，反而会埋怨管理者不通人情，不够大度。比如，员工因一些工作上的小失误遭到管理者的严厉批评并被勒令纠正自己的错误时，员工即使意识到自己的错误，也会将注意力集中在管理者对待自己的态度上，情绪变得低落或愤怒。

管理者的批评所针对的是下属的错误，而对错误的纠正和预防具有决定性作用的只有"内因"，即当事人的个人意识，而外因只拥有一定程度的促进作用。想要达到纠正错误的目的，就只能凭借下属的个人意识。因此，优秀的管理者一般都会选择利用巧妙的暗示，来让下属主动承认错误。

英国首相丘吉尔和夫人受邀出席一场晚宴。宴会中，一名外交官将一只银盘藏在了自己的怀里，却被女主人发现。女主人担心当面揭穿会使对方颜面扫地，便向丘吉尔求助，希望他能够帮助自己将盘子要回来。

丘吉尔偷了一只盘子，悄悄地走到外交官的身边，神秘地拿出口袋中的盘子说道："我也拿了一只同样的小银盘，但是我们的衣服都弄脏了，是不是应该将它放到原来的位置。"外交官闻言和丘吉尔一起将盘子放回到桌子上。

对任何人来说，批评都不是一件讨喜的事，因为它在一定程度上否定了一个人的价值。由于批评的态度、方式不当，可能会使管理者遭受下属的抵制，甚至出现言语冲突。下属通过辩解，试图证明自身行为的正确性，并维护自己的自尊心。在这个过程中，他们会逐渐淡化对自身错误的认识，将注意力完全集中在其他方面。

所以，在批评的过程中，管理者就需要注意避免当面指责，尤其是不能以权威强压下属承认错误，而是需要采取一些温和的方式，暗示他们究竟错在了哪里。比如，当管理者看到下属迟到时，与其当面训斥"又迟到了，不知道几点上班吗？你再这样下去就别干了！"不如换一种方式，暗示对方说："如果你的时间观念和工作效率同样出色，那你一定会是一个完美的人。"

前者太过直白的情绪掩盖了批评的本质，容易激起下属的愤怒；后者态度和言辞相对温和，通过表达一种期望来暗示下属迟到是一种错误，有效避免了下属逆反心理的出现。

很多管理者都习惯采取当面批评的方式，其实使用巧妙的暗示代替当面指责更利于让下属发现错误，避免批评所带来的负面效应。管理者可以采用的暗示方式有多种。

提问暗示法

管理者可以通过提问题的方式，委婉地表达批评，引导下属去思考和反省错误。比如，当管理者对一名程序员提出批评："我看了一下，你写的代码存在漏洞，需要改正。"此时，程序员的第一反应就是怀疑管理者的电脑是否在运行方面存在问题；其次，程序员会质疑管理者是否有能力使用自己编写的程序。总之，直言批评往往容易引起当事人的逆反心理，不利于彼此之间的沟通。

如果管理者换一种方式，以提问暗示对方的错误，会收获不一样的效果。比如，"我运行了你的程序，但运行的效果和实际情况不太一致，你帮我看一下，是不是我的使用方法有问题？"此时，程序员就更愿意心平气和地面对出现的问题，逐渐意识到自己的错误。当他仔仔细细检查自己的程序之后，管理者批评的目的就达到了。

故事暗示法

管理者还能以讲故事的方式暗示，比如，一个员工为了人际交往而放弃了原则，管理者可以说："某电影导演准备拍一部电影，相中一名演员。该演员喜出望外，极力打扮自己，将向外突的两颗牙齿拔掉了。但导演却拒绝了他，并表示，你身上最珍贵的东西已经被你当作缺陷丢掉了。"

笑话暗示法

比如，住在公司宿舍的一个员工很晚才回宿舍，影响同事的休息。管理者可以说："一位老头晚上总是被楼上晚归的年轻人脱鞋的声音吵醒，就向他表达了不满。第二天半夜，年轻人回到家中刚脱掉一只鞋，突然想起楼下的老人，于是脱下另一只鞋轻轻地放在了地上。第二天老人埋怨年轻人说，当初你将两只鞋一起扔到地上时我还能睡着，昨晚你脱了一只，害我一直在等第二只鞋落下来。"

当面指责往往会令对方感到难堪，因此，管理者不如心平气和地暗示下属，也许他们会放松一些，更容易正视自己的错误。如果管理者只是一味地怒气冲冲地指责下属，很可能因激起对方的情绪，将批评变成一场情绪的交锋。

8. 在尊重下属中传递期望

教育家马连柯说："我们对个人提出的要求，就表示出对个人力量和能力方面的尊重。而在我们的尊重里，同时也表示出对个人的要求。"马连柯所说的要求，既是对一个人能力的尊重和信任，同时也是对一个人完成某项任务的期望。尊重信任一个人，必然会对他产生期望，也必然会对他提出较高的要求。

但是，较高的期望不一定意味着有尊重和信任。如果我们仅仅对一个人保有很高的期望，却不懂得尊重他，那么这种期望就不能发展为动力。

比如，一家工厂的工人在食堂就餐时，经常吃完饭就直接将餐具丢在桌子上。管理者三番五次在会议上提及这个问题，指责工人没有素质，屡教不改，甚至会点名批评，给予惩罚。工人会在挨批评后，收拾一两次，很快就又恢复了原状。在管理者眼中，这些员工都是一些不可救药的人。

期望一般作用于人的心理层面，它能够在一定程度上引导下属按照管理者的预期和要求，来进行自我实现、自我达成。如果管理者一味批评指责，消极传递期望，很可能会成为下属工作懈怠、缺乏责任心的诱导因素。反之，如果管理者能在尊重对方的前提下传递积极正面的期望，就能让下属成长为你期望的样子，甚至超越你预期的标准。

1965年，在本田公司技术研究所内，员工为了汽车采用"水冷"，还是采用"气冷"内燃机争论不休。社长本田宗一郎力排众议，决定采用本田公司新开发的N360小轿车"气冷"式内燃机。

然而，在一场方程式赛车比赛中，一名赛车手的赛车出现事故，由于"气冷"式内燃机导致爆炸。因此，本田技术人员要求研究"水冷"内燃机，但被本田宗一郎拒绝。

副社长藤泽打电话给本田宗一郎劝慰说："您觉得您的公司是社长重要呢，还是一名技术人员重要呢？"言外之意就是，社长的职责就是为了公司的长远利益进行谋划，而不让技术人员研究"水冷"，那就是失职。

本田宗一郎回答说："当然是社长重要。"

藤泽毫不留情地说："那你就同意他们去搞水冷引擎研究吧。"

第六章
共情式训导，让批评更易被接受

本田宗一郎立刻醒悟过来，接受对方的请求。

在1971年，本田公司步入良性发展的轨道。一名中层管理人员对本田宗一郎说："我认为我们公司内部的中层领导都已经培养起来了，您是否考虑一下培养接班人呢？"

中层管理者的话很含蓄，却表达希望让本田宗一郎让位的意愿。本田宗一郎回答说："您说得对，您要是不提醒我，我倒忘了，我确实该退下来了，不如今天就辞职吧！"不久之后，本田宗一郎将董事长的位置让给河岛喜好。

当管理者将员工视为企业最重要的人，尊重他们，给予他们热情和期望，就能够激发他们的积极性，努力实现团队的愿景。如何用尊重的方式传达积极期望？一个最简单的办法就是，把你所有想说的话，换一种表达方式：请把从脑海中迸出的每一个"你"，变换成从嘴里蹦出的每一个"我"。

把"你还不承认"，换成"我已经掌握了事情的来龙去脉"。

把"你这个月业绩不达标"，换成"我看了这个月的业绩报表"。

把"你的这份报告简直稀烂"，换成"这大概是我看到的最差的报告之一"。

把"你以前不是当面拍着胸脯表示没问题吗"，换成"我还记得三个月前的军令状"。

比如，当工作中出现失误时，管理者在批评的过程中，将

"小王，你一直很细心，怎么会出现这种错误呢？如果你有什么困难一定要提出来，努力将工作做得更好"转换成"我记得你一直很细心，出现这种失误是我没想到的，如果遇到困难一定要告诉我，我觉得你应该做得更好的。"管理者传递出希望员工做得更好的期望，会使员工倍感羞愧，从而更加努力，不辜负领导的期望。

不要小看"我希望你下次做得更好""我相信你一定能够为部门作出更大的贡献"这种看似没有意义话，实际上，管理者的期望在批评之后会让员工倍感温暖，感受到管理者的关心和重视，使其工作更有激情。

除了这些具有概括性的期望，管理者也可以针对某一件具体的事情表示自己的期望，更容易使员工将个人期望融入团队的期望，使团队更具凝聚力。比如，"你的方案虽然存在不妥，但我们可以这样修改一下，再将它做成样板，在公司参加的全省网络设计展览会中，作为我们部门的工作成果，为部门添光增色。"

对管理者来说，在批评过程中给予员工尊重是不可或缺的，因为它代表了管理者的一种态度。而在尊重中传递期望，会使员工在管理者期望的感召下，迸发出强大的内驱力，在进行自我实现的工作中，不能提升自己。

9. 要一碗水端平，不可厚此薄彼

古人云："不患寡而患不均。"意思是说在共同获利时，不担心赚得少，而担心分配不均。对管理而言也是如此，管理者在处理上下级关系时，要一视同仁，无论奖赏还是批评都应该一碗水端平，不可厚此薄彼。否则，管理者会因缺乏公正而丧失权威，惹来下属的非议。

李彦跟随公司打拼多年，一直不离不弃。在公司不断壮大的过程中，他也成为人们眼中德高望重的老员工。李彦一直努力表现自己，为新入职的员工做表率。但不巧的是，他的孩子因贪玩受伤，而妻子出差在外，他接过了照顾孩子的重任。

在月末的考勤汇总中，一些迟到的员工被罚款，而李彦却因为事出有因被管理者宽容，并未受到任何惩罚。因此，公司上下议论纷纷，认为管理者欺软怕硬，只会拿新员工出气，使得一些员工开始不配合管理者的工作，整天敷衍了事。

这种事例在职场中并不罕见，比如，管理者对一些老员工不加以批评，反而对新员工肆无忌惮地妄加指责；对一些拥有关系背景或乐于奉承自己的员工倍加关注，对一些不喜欢的员工恶意刁难等。

规矩大于人情，还是人情大于规矩？一直都是管理者所头疼的问题。对管理者来讲，只要主观意识存在，就会出现亲疏有别的情况。一些工作能力强的下属，往往更受管理者青睐，能力较差或话不投机的下属，会被管理者冷眼旁观。实际上，管理者在与下属相处中，并没有厚此薄彼之意，但管理者难免乐意接触与自己兴趣相投的下属，无形之中就会给其他下属产生厚此薄彼的感受。

如果管理者将与下属建立起来的感情作为破坏规矩的武器，对某些犯错误的下属一味迁就，以感情代替原则，会使得私人感情和工作关系相互混淆，被其他员工质疑权威。管理者的特殊对待使得免受批评的下属与其他下属出现隔阂，同时，他们很可能会因为妒忌或反感而消极怠工："他既然这么受领导重视，为什么不把所有工作交给他来做？还要我们做什么呢？"

比如，员工甲工作认真并与管理者私交甚好，而员工乙的日常作风备受管理者反感，但工作成绩要优于甲。某一天，两个人在没请假的情况下都迟到了，管理者该如何做出惩罚？

第一种做法：对甲进行警告，而对乙进行处罚或对甲不进行处理，对乙进行警告；第二种做法：对两人同时进行处罚；第三种做法：对两人都不进行处罚。

第六章
共情式训导，让批评更易被接受

一些管理者碍于私交会选择第一种做法，但在乙的视角里，管理者的处理结果是缺乏公正性的，而甲也会因为管理者的手下留情遭受非议。第三种做法实际上与公司制度相悖，会促成下属的懒惰风气。而第二种做法虽然有些不近人情，却真正能够起到约束该有的效果，保障管理者的公平和公正。

因此，作为一个管理者，如果在下属出现失误时选择偏袒某一位员工，就容易失去其他员工的信任和尊重。所以，管理者面对犯错的下属时，一定不能因客观或个人主观情绪而亲疏有别。同时，管理者也需要加强与自己疏远的下属的沟通，尤其是一些曾经因某些事情反对自己的下属，避免让对方误认为管理者心存偏见而产生不必要的误会。

除此之外，管理者也不要对员工所有偏见，对于某些工作成绩出色的下属，需要表扬时就进行表扬，需要批评时也要毫不犹豫地进行批评。就是说，下属通过自己的努力得到了他所需要的东西，但在其他方面还是与其他人一致的。如果其他员工像他一样努力，也会赢得自己想要的称赞和荣誉。如果管理者将一切特权都授予某一位下属，即使对方犯错也睁一只眼闭一只眼，那么，对方也就失去了榜样所具备的力量。而且，对待女性下属或者存在某些生理缺陷的下属也要避免另眼相待。

在进行批评时，管理者一定要做到不分远近、不分亲疏，给所有员工留下一个公平合理、公正无私的印象，才能使整个团队具有凝聚力和向心力。

10. 批评后的鼓励才是重点

管理者对下属进行批评或责罚，使他意识到自己的错误后，还要适当地给予奖赏或表扬，引导他纠正自己的错误。这种批评方式有利于消除管理者与下属之间的隔阂，能够让下属感受到管理者的善意。

对于管理而言，批评之后的鼓励往往是不可或缺的，其目的在于消除或安抚下属被批评后产生的情绪，使其能够理性地看待自己的错误。任何人在遭受批评后，难免会出现沮丧情绪，逐渐对自己产生怀疑，失去信心。比如，一名员工遭到了老板的批评，心中必定揣测：老板是否已经对我失望，我是否已经失去了升职的希望等，意志变得消沉，甚至出现离职的念头。如果老板能够适时地鼓励他，表明对他的认可和器重。他就会认为老板是为了激励自己，继续努力仍有光明的前途，一定要好好干，不辜负老板的信任和期望。

第六章

共情式训导，让批评更易被接受

先批评再鼓励是一种高明的管理手段，一方面能够警示员工，公司的规章制度不容触碰，建立管理者的威信，约束员工的行为；另一方面也能够降低员工对批评的抗拒。

李丽华最近总是迟到，林经理对此颇有微词，私下找到她问道："小李啊，最近为什么总是迟到呢？公司明文规定，不允许迟到早退。"

李丽华解释说："最近因为一些私事导致睡眠不好，早晨起床的时候总是会晚起一会，所以有时候就会迟到。"

李经理义正词严："一个公司就建立了这样的制度，我们身为员工就应该遵守。你这样迟到，不但影响了工作，还在同事之间造成了不好的影响。睡眠不好我能够理解，但不能成为你迟到的理由，以后要多注意自己的作息，千万不要影响工作。"

"这样吧，念你是第一次出现这种情况，我就不追究了，之后一定要按时上班，否则我就按照规矩办事了。"

李丽华十分感激："我以后一定会按时到岗的，请您放心。"

林经理鼓励说："在我的印象中，你一直都是一个严守纪律、工作热情高而且技术不错的人，把工作交给你，我非常放心，希望你能够再接再厉。"

林经理的一番话让沮丧的李丽华眼中重新散发出了光彩，顿时精神了起来。

心理学家曾表示："人都是希望得到表扬，而讨厌受到批评。"管理者要利用这种心理,将正向激励和负向激励相结合。人的情感是非理性的,很容易对自身行为产生影响,负向激励使人消极,正向激励才能使其斗志高昂。两者相结合,就能够使员工在批评的压力之下,稳定内心的情绪,激发自身的工作积极性。

恩威并施的管理方式,不仅能够让下属认识到错误,还能提高管理者在下属心中的地位,建立和谐的人际关系。

无论是和风细雨式,还是暴风骤雨式的批评,真正优秀的管理者都懂得在批评之后给予被批评者安慰,只有这样,管理者才能令对方心悦诚服,才能获得下属的信赖和友谊。而且,具有感情色彩的客观批评,能够让对方将遭受批评而失落的信心重新找回来,将之前出现错误的事情纠正过来。

因此,批评的善后工作不能少。批评之后积极地鼓励是消除批评带来负面效果的良好途径,也能够使管理者及时有效地对下属进行疏导和沟通。

第七章
共情式倾听，满足需求赢得信任

　　所谓共情式倾听，就是要求管理者放下领导者的身份和威严，来培养自己的亲和力，耐心倾听下属的声音和需求，并给出解决方案。它源于人与人之间的认同和尊重，无视双方现实的距离。在日常工作中，管理者能与下属打成一片，对工作开展会产生极大的促进作用。

1. 倾听中的正确插话

作为管理者，懂得倾听下属的想法是一种必备的沟通技能。惠普公司创始人大卫·帕尔德格外重视对下属的倾听，为此设立了一项新规定：管理者在与员工沟通时，一定要先倾听，再理解。而倾听过程中的正确插话对共情式沟通的建立十分重要。

插话是一门沟通的艺术。哲学家培根曾说："打断别人，乱插话的人，甚至比发言冗长者更令人生厌。"但这种乱插话的现象在日常沟通中屡见不鲜，管理者倨傲、爱表现的心理往往驱使着他们强行打断下属的话，使倾听中断，沟通受阻。

比如，管理者对自身权利的维护。员工对公司的经营现状提出异议："经理，我认为我们的销售渠道过于传统。我们应该将主要的销售渠道放在网络上，以电脑和手机作为媒介。因为产品的消费群体大多为年轻人，而年轻人对网络的使用

第七章
共情式倾听，满足需求赢得信任

率极高……"

经理插话说："你是经理，还是我是经理。这事你不用管，自然有上头帮咱们决策，你继续说吧。"

管理者的说教心态。员工对当前的产品提出自己的想法："经理，我觉得公司设计的产品外形不够人性化，应该再修改一下……"

经理插话说："你的任务是销售产品，你应该想如何将产品卖出去，而不是设计产品。这不是你考虑的事，知道吗？不要抱怨产品，要学会从自己身上找问题，懂吗？"

随意插话意味着说出来的话没有经过慎重思考，更重要的是强行打断对方说话，会因为没有得到完整的信息，而出现断章取义的情况。如果管理者因疑惑对方的所讲内容，脱口而出"这样不太好"，或不认可对方的见解，打断对方"我觉得应该是这样"，都是一种不尊重下属的表现，很可能让对方失去交流下去的欲望。

心理学家提出过一个心理定式：如果一个人想要表达内心的想法，直到他将自己的话讲完，他才能听进去你的意见。如果你想要说服对方，就需要耐心听对方讲完。松下幸之助为拜访者留下最深的印象就是善于倾听，并能够通过合理的插话来让沟通更加顺畅。一位拜访者曾总结说："拜访松下幸之助先生是一种轻松愉快的事情，根本没有感到他是日本首屈一指的经营大师。他一点也不傲慢，对我提出的问题听得十分仔细，还不时亲切地附和说'啊，是吗'，毫无那种不屑一顾的神情。"

对于管理者而言，在倾听下属袒露心声时，一定要做到神情专注。在倾听过程中，为了达到更好的沟通效果，提高下属的工作积极性，管理者还要把握好插话的技巧。

消除下属的疑虑

当下属与管理者倾诉某件事情时，有时会担心管理者反感，从而出现犹豫或为难的神情。这时，管理者就可以趁机插话表明自己渴望倾听的意愿，消除下属的疑虑，坚定下属的信心，促进彼此之间的沟通。比如："我很愿意听你的讲述，不管你说的怎么，说什么样的内容。"

不轻易打断下属

在倾听过程中，耐心听完下属的话，不抢话、不拦话，是倾听的关键。随意插话不仅是对下属的不尊重，更是一种缺乏修养的表现。即使管理者突然想到一些与之相关的问题，渴望和下属交流，也要等对方说完再转移话题，避免因打断而无法获取下属内心的真正需求。

下属渴望反馈

当下属在描述或发表某种意见的过程中，出现停顿并注视管理者时，就意味着他需要管理者理解自己的倾诉内容，渴望得到管理者的反馈。这时，管理者可以使用一两句话来表明自己对倾诉内容的理解，让下属感受到管理者的专注，同时也能够保证管理者理解的准确性。比如："我明白，你是想说……"

疏导情绪

当下属由于个人原因，无法在倾诉过程中控制自己的情绪时，管理者可以适当对下属进行疏导，缓解负面情绪对沟通带来的干扰，帮助下属重新整理思路，完成倾诉的过程。比如："我理解你的感受……""我能够感受到你的悲伤……"等。

管理者在倾听过程中的合理插话，不仅能够了解下属内心的真实想法和感受，更能够使下属从插话中感受到管理者的关心和支持。所以，管理者不要对下属所说的话轻易下结论，也不要对他们的感受作评价，始终将自己处于一个"局外人"的状态，避免因随意插话表明自己的立场，使一场共情式沟通失去原本的意义。

2. 善于听出下属的言外之意

生活中，经常有听到"弦外之音"的机会，主客之间的送客之言、男女之间的暗示之语、朋友之间的寒暄客套等。一个人说的话，可能既有表面的意思，又有深层的含义，这就需要倾听者在倾听的过程中，准确领会对方的意图。而懂得共情的管理者之所以优秀，就在于他能够捕捉表面事实下，那个隐藏着却无时无刻不在发挥作用的真实含义。

曹操十分看重曹植的才华，打算废掉长子曹丕，立曹植为世子。他就此事征求贾诩的意见，贾诩听说之后闭口不言，故作深思状。

曹操问道："文和为何不说话？"

贾诩回答说："我正在想关于袁绍和刘表的事情。"

曹操闻言，立刻明白了贾诩是借袁绍和刘表废长立幼，招致灾祸的例子警示自己，于是不再提废黜曹丕的事了。

第七章
共情式倾听，满足需求赢得信任

很多时候，下属因畏惧管理者的权势，而不敢将自己的真实的想法和意图表露出来，只能将自己的感情或想法融入自己的语言中。在倾听过程中，管理者如果只在意表面，很可能无法领会对方真正的意思。因此，管理者要善于通过观察下属的表情、神态和动作来分析他们的想法，听出下属的言外之意。

比如，一家公司施行弹性工资制度后，管理者与车间负责人小李有这样一段谈话：管理者问道："小李，员工对公司制度改革有什么意见吗？"

小李回答说："大家能有什么意见？工作比以前轻松了，工资也比以前增加了，这说明员工待遇比以前好多了啊。"

虽然小李口头上并未反对制度改革，但管理者却意识到了他在沟通中的不满情绪，可能是想表达车间工作量和工时定额不一样，而工资与工时定额挂钩导致工作量和工资不成正比。

管理者又问道："是不是有什么困难？"

小李回答说："实行弹性工资是一件好事，员工们多劳多得很公平，但最近车间的定额缺乏科学依据。我们车间的人数少，导致每个人的工作量特别大，有时候大家拼死拼活都不能按时完成工作。"

管理者听出小李的言外之意，并及时调整问题，最终了解到他的真实想法。如果管理者在小李说出"大家能有什么意见"之后选择终止沟通，就无法获知他的真实需求。

除了下属在沟通中刻意暴露的情绪，他们的肢体、表情或语气也是发出"弦外之音"的信号。管理者可以通过下属的反常表现来进行判断，比如，抛开个人习惯而论，下属突然加重语气、放慢语速；当下属欲言又止时，他的肢体和表情会出现迟疑、犹豫的迹象等。一般来说，当一个人在陈述某件事情时，并不会调整语调和表情，除非是刻意为之。而刻意的目的就是为了引起管理者的注意。当下属认真重复某一句话时，也存在潜在含义的可能。

想要听出下属的言外之意，管理者就需要习惯性换位思考，站在对方的立场上思考他们的想法和观点，最重要的一点就是能够体会到对方的感受。如果管理者能够意识到下属所说的每一句话背后的情绪和感受，就更容易了解他们话语中的含义。

比如，一个长期从事某一项工作的员工在争取其他工作时说："我之前做过这个""我做这个已经做了很长时间了"等，其含义为厌倦了当下的工作，渴望得到更多的机会来提升自己的能力。

一名员工在被询问近况时表示："我认为当时客户十分生气，对我们的解释也不能接受。"他的意思就是希望管理者能够介入，帮助他解决问题。如果员工在被询问时表示："我估计午饭是吃不上了，我得抓紧时间将这个工作做完""我都不知道自己该先做哪一个"等，他的意思就是工作量太大，希望管

第七章
共情式倾听，满足需求赢得信任

理者重视一下工作分配问题。

在换位思考的过程中，管理者也要结合下属的性格和所处情景进行分析。不同的人有不同的性格，而这些性格会导致人们拥有不同的表达风格，管理者只有先了解下属的性格，才能更好地把握对方言外之意出现的时机，避免因个人习惯而疑神疑鬼。一个人的言行举止都会以自己的立场作为出发点，而所处情境的不同难免会对个人行为产生影响，因此，这也是管理者需要注意的点。

除此之外，管理者可以尝试与一些情商高的人多沟通，不断领会富有情商的话中之义，提升自己的敏感度，在学习如何巧妙表达自己言外之意的同时，增强自己倾听言外之意的能力。

听懂下属的言外之意，管理者不仅仅要用耳朵，更重要的是用心，多体会对方的情绪和感受，才能读懂他们内心的真正想法。

3. 兼听则明，偏听则暗

古语云："兼听则明，偏听则暗。"意思是听取多方面的意见才能明辨是非。对管理者而言，倾听下属的意见是了解公司员工"民意"，作出正确决策的重要途径。但是，管理者不仅要懂得倾听，更要懂得"兼听则明，偏听则暗"的道理。

每个人都倾向于按照自己的思维去思考问题，因此得出的结论一般会受到自我习惯性思维的影响，容易被事物的表象所迷惑。管理者如果只听信下属的一面之词，所得到的信息往往会缺乏客观性和真实性。因为人都是趋利避害的，下属在向管理者汇报某件事情时，都会倾向于对自己有利的部分，而消除对自己不利的部分。

比如，一家公司的人员流动性很大，管理者向人事部询问情况，而人事部经理已经安排好了谈话人选。在沟通过程中，管理者得到的结果一般都是员工的主观原因，一旦轻信对方，

第七章
共情式倾听，满足需求赢得信任

永远也发现不了真正的问题。但如果管理者逐一向下属询问意见，就容易得到一种客观的结果，因为下属因个人利益的不同，对某件事情的看法也就不同。如此，管理者就能察觉到问题的所在：因中层管理者相互维护，任人唯亲，致使真正有贡献的员工遭受冷落，被迫离职。

管理者的正确决策，取决于对团队内部的深入了解。即使管理者的学识和经验很丰富，其思维难免受到个人格局所限制，只有耐心听取对方的意见，管理者才能掌握充分的信息，作出更正确的决策。所以，在倾听过程中，管理者在坚定自我的同时，也要懂得通过更多双"眼睛"看世界，这样不仅能够看到自己想看到的事物，还能发现那些不容易看到的事物。

那么，管理者该如何做到"兼听"呢？

不轻易下结论

幸福管理学创始人胡奎表示，一个管理者要拥有足够的洞察力和价值判断力。每个人在进行语言表达时，通常会根据自身的知识和经验去过滤和处理信息。管理者如果没有获取完整的信息，就凭借自己的想象肆意揣测他人，就容易造成误解。而且，这种轻易用自己固有观念下结论的行为是不理智的，对管理者的权威是一种削弱。因此，管理者在没有得到足够的信息时，不必过早地作出决策。

听取不同的意见

人一般都有从众心理，当某一个意见被大多数人所支持时，为了避免遭到孤立，其中少数人就容易放弃自己的观点，附和其他人。因此，管理者在针对某一件事倾听下属的意见时，一定要多留意那些区别于多数人的意见。他们提出不同的意见，很大程度上是站在不同的角度看待问题，也许这一角度恰巧是多数人所忽略的。即使有时候少数人的不同意见并没有太大的价值，但却能够帮助管理者在做决策的时候考虑得更加全面。

综合利弊作决策

没有人能够保证自己的意见一定正确且合理，不同的意见也许利弊参半，甚至因所站角度不同，利弊也能够相互转化。这就需要管理者综合所有人的意见，并结合现实情况权衡利弊，再作出决策。

作为管理者，"兼听"是必不可少的。只有这样才能避免因他人的一面之词而产生主观臆想，应听取多方意见作出正确的决策。

4. 真话，管理者敢听，下属才敢说

在一些企业中，经常会出现这样的现象：管理者永远听不到关于自己或公司存在不足的话。尤其是在一些公开的会议上，大多数下属往往只会不停地赞美管理者，听不见一句反对的声音。客观来讲，无论什么样的管理者都无法将自己的言行和决策做到尽善尽美，那么，为何下属不愿意表露自己内心真正的想法呢？

管理者之所以听不到下属的真心话，是因为下属内心的恐惧。他们担心因说真话触犯管理者的权威，而为自己带来不利的后果；担心因说真话损害某些人的利益，而使自己遭受冷落和排挤；担心因说真话使自己与当下的环境格格不入。除此以外，一些下属也会为了揣摩管理者的心思，阿谀奉承。总而言之，在这个过程中，管理者的态度至关重要。

《古文辑要》中讲述了这样一个故事：初唐名臣裴矩在隋朝做官的时候，阿谀逢迎，溜须拍马，想方设法满足隋炀帝的要

求。但他投降唐朝之后，却一反常态，总是当面和唐太宗李世民争论，成为一名直言敢谏的臣子。只有在那些愿意听真话的人面前，才会有人敢于讲真话。

事实上，并不是下属不愿意说真话，而是领导的某些行为使下属打消了说真话的念头。更多时候，管理者因长期听到赞美的话而将这种赞美当作一种依赖，就无法再面对那些实事求是的真话。这就导致当管理者在听到下属的真实想法时，不自觉地转变为另一种态度，使下属在权力的威慑下选择闭口不言。

任何人都存在知识盲区和能力短板，尤其是管理者更是无法穷尽所有信息、洞察所有情绪。如果管理者听不进真话，听不到真话，就很可能作出错误决策，带来巨大的损失。就像一位企业家所说："最愚蠢的做法就是打击为你提供信息的人。坏消息还会出现，只是你已经成了最后知道消息的人。"

因此，管理者在倾听过程中想要最大限度地听到员工内心的真实想法，就需要打消下属的顾虑，让下属敢于说真话。这就需要管理者做到两个必须：一个是必须是有德，一个是必须要有心。

"有德"是指管理者的一种态度。无论下属的真实想法是否客观，是否存在价值，管理者都需要给予那些敢于讲真话的下属适当的奖励，就算是一些口头上的表扬和肯定，也能够让下属认识到管理者的胸怀和格局，以及明白是非的能力和眼光。

第七章
共情式倾听，满足需求赢得信任

如果下属提出了一些触犯管理者权威或带有个人主观意愿的意见时，管理者不能置之不理，更不能冷嘲热讽，甚至打击报复，要懂得站在下属的角度来看问题。如此，管理者就更容易理解下属的意见。比如，关于在下班前开会的问题，一些管理者总是不能合理控制会议的时间，导致很多需要接孩子放学的下属心生不满。而且，下属一般并不会在这样的会议上发表有建议性的意见，免得节外生枝，影响自己和同事下班。久而久之，这种会议就变成了一种形式，毫无实际价值。当下属提出这一弊端之后，管理者不妨站在下属的角度看待召开这种会议的时间，并分析得失。

"有心"是指管理者的行动。管理者需要给下属一个放心大胆讲真话的条件，让他们确认不会因说真话而受到报复和惩罚。这一点对鼓励下属讲真话来说尤为重要，因为太多的管理者给下属留下了不好的印象。比如，一些管理者总是在会议上说："大家有什么问题都可以提嘛，人人平等。"然后，管理者开始给那些提意见的下属"穿小鞋"。如此一来，谁还愿意说真话？

管理者如果想要听到真话，就一定要给下属创造一个将真话的环境。不然，围绕在管理者身边的一定都是谨小慎微、明哲保身的下属。

5. 倾听中使用恰当的肢体语言

在倾听的过程中，如果管理者表情冷漠，跷着二郎腿，或者双臂交叉于前胸，会让下属产生一种不被尊重的感觉。相反，如果管理者在下属倾诉的过程中，注视对方的眼睛，自然微笑，时而若有所思，微微点头，就会让对方感觉自己专注于他的表述，从而在倾诉时更加轻松和舒适。

共情式倾听的准则之一，就是全身心投入对方的一言一行中。大多数管理者一般会有意识地控制自己的言辞，却会忽略下意识的肢体语言。而无论管理者是否有意，下属都会通过解读管理者的肢体语言，来调整自己的倾诉方式或内容，甚至终止沟通。

消极倾听的肢体语言

管理者的眼神、头部动作、坐姿，甚至肢体的摆动，每一个

第七章

共情式倾听，满足需求赢得信任

看似不经意的动作里面都有特别的含义。缺乏共情能力的管理者，会在无意中告诉对方自己并没有在认真倾听。

（1）表示不感兴趣的肢体语言

管理者整个人都坐在椅子里，身体后仰，靠在椅背上，会让下属认为你对当下的谈话内容呈厌烦情绪。

管理者手中一直摆弄小玩意，或者不停翻看手机，或者左顾右盼，会让下属认为你对他的话毫无兴趣，不过是硬着头皮，强撑时间。

管理者一直低头做自己的事，会让下属认为你没有在听他的话，使他有被冷落的感受，以至于无心再说下去。

以上种种表现，即使管理者并未开口说"我实在是不想听你说这件事"，却通过肢体动作清晰地传递出这一信息。

（2）表示急躁不安的肢体语言

管理者不断用手指轻轻敲击桌子、抖腿，或不停看表、看手机，会让下属误解为急切地想要终止沟通。

（3）表示不尊重对方的肢体语言

管理者端着架子，昂着头，背着手，摆出一副不可一世的姿态，沟通还没开始，下属就能够感受到管理者的倨傲和不以为意，从而无法将倾诉的话题深入，草草了事。

管理者双腿交叉或把脚翘起，不时地交互、摇晃，会让下属觉得你根本不在乎他的意见，不屑于倾听。

管理者双手手掌以指尖相互接触，置手肘与桌上，那会带给别人一种由上而下的审视感，会让下属感到你内心的轻视。

管理者双手环胸，脚站"三七步"，会让下属感觉你对他表示抗拒，充满敌意。

积极倾听的肢体语言

美国人类学家霍尔针对肢体语言，指出了人际交往中出现的常见现象："一个人在倾听别人说话时，总是会望着对方的脸，尤其是眼睛；为了表示注意，倾听者会轻轻地点头，或者说'嗯''是的'，如果对某句话深表赞同，点头就会点得很深；如果表示怀疑，他就会扬起头、皱起眉毛或嘴角向下拉；如果表示不想再听下去，就会将身子挪一挪，腿伸一伸，或者移开视线，不再注意说话人等。"

在倾听过程中，管理者一定要懂得正确使用自己的肢体语言，避免在下意识的动作中暴露内心的想法。只有积极的肢体语言，才能实现共情式倾听。

坐姿端正：在倾听过程中，如果你的身体上身坐正，微微前倾，会让人感到你对谈话内容感兴趣，可以体现你的专注和认真。

保持眼神交流：保持有规律的眼神交流，会向对方传达这样一个信息：我很在意你在说什么。持续的眼神交流能够体现管理者的自信和智慧，如果缺乏眼神接触，会让下属产生疏离感。但也不要使用过于强烈的眼神接触，避免让下属误认为管理者试图占据主导。一般来说，眼神交流要将视线聚焦在对方的眼睛或者鼻梁处，以示尊重。

四肢放松：如果你的四肢无交叉或紧缩感，会让人感到你享受当下谈话的内容或气氛。

微笑：如果你面带微笑，在对方说到重点时，微微点头，并辅以肯定性的语言反馈，会让人感受你的真诚和友好。

人们在不经意间暴露出的细节，往往最能表现出一个人内心真实的想法。所以，在倾听过程中管理者一定要使用正面积极的肢体语言，拉近双方的心理距离，避免细微的消极动作成为彼此之间交流的阻碍。

6. 借助提问，引导下属思考解决问题

倾听的目的就是为了发掘对方深层次的需求。大多数时候，下属经常会因为某件事而感到烦恼，却又找不到根源在哪，往往管理者的一句话就能够让下属茅塞顿开。因此，在倾听过程中，管理者要懂得借助提问，来引导下属思考并解决问题。

曾担任世界知名汽车公司CEO的卡洛斯·戈恩在与下属的交流过程中，就不断地通过提问来引导下属发现问题，并为之努力改进。他在就任日产汽车公司CEO时，走访了所有的工厂和销售点，并和大多数员工进行沟通了解情况。在沟通的过程中，他经常会问："汽车价格起伏情况如何？""顾客对汽车性能评价如何？"等。通过这些引导性的问题，日产公司员工的觉察力得以提高，让他们更清楚地认识到问题出在了什么地方。

作为管理者，不妨在倾听过程中通过简单的疑问句，来引导

第七章
共情式倾听，满足需求赢得信任

下属不断思考并接近问题的核心，独立解决问题。

有什么想法？

这个问题的意义在于它告别了单一传递意见的模式，将引导和鼓励对方说出想法作为主体，并非"我要向你提出一个很严峻的问题"，而是"你的想法是什么"。开放性问题虽然不好回答，但它却能够为下属在思考的过程中框定一个概念：自己的想法。

比如，管理者可以提问说："最近对工作有什么想法？""我觉得你应该对这件事有自己的想法，不妨谈一谈。"管理者可以不断缩小范围，帮助下属触及问题核心。

别的呢？还有吗？

由于对管理者的戒备感，下属一般不会直接表达内心的真实想法。比如，"我尊重领导的选择，也接受公司的安排，也许我的能力还不足于胜任这个职位。"而实际上下属掩饰了内心的不满情绪。

当下属回避真正的问题时，"别的呢？还有吗？"式的提问会在不断剔除下属的借口或托词的同时，向对方传递一个信息："我是真的想听你的真实想法。"

你认为自己最大的困难是什么？

这个问题就开始从"寻找问题"阶段过渡到"聚焦问题"阶

段，让对方意识到真正的问题。在这个阶段，管理者依然处于一种引导的角色，不必急于表达自己的想法。

对困难的询问，暗示的是一种直面困难的态度："我们已经看到了问题，无论是否能够解决，我们首先要正视它。"

你的内心想要追求什么？

这个问题的核心在于"想"，是下属渴望得到，却因主观或客观原因而未能如愿的事物。对追求的询问暗示的是一种工作动力。管理者可以将这个问题适当简化，使其更具有针对性，比如："如果你只能选择所追求的东西中的一个，你会选择哪一个？"

我能够帮助你做什么？

这个问题能够引导对方思考："是否自己需要来自外界的帮助？"但它的重点不在于提供帮助，而是在提醒对方："这仍然是你的问题，你需要去寻找方式解决，而我只是一个提供帮助的对象。"

管理者继续缩小范围："你认为，在哪一个问题上，我能够提供帮助？"

这么做的后果是什么？

凡事皆有利弊，只有认真分析后果才能作出最好的选择。然

第七章
共情式倾听，满足需求赢得信任

而，下属之所以无法意识到问题，就是因为一直在逃避决策。比如，一位广告设计师不会关心广告对商品销量的影响，也不会考虑广告的预算。这就导致广告文案被驳回时，他就会习惯性从外部找原因，认为对方根本不懂广告，而不会对自己的能力产生怀疑，从而始终意识不到广告文案被驳回的真正原因。

通过这个问题，管理者能够让下属从另一个角度来分析问题，直至找到真正的原因。管理者依旧可以缩小范围："你觉得这么做，会存在哪些风险？""如果我们放弃这种方法，你还有更好的方法吗？""你有没有想过，这么做丢失了什么？"

对你有用的是什么？

无论是否达到了预期效果，管理者都能够通过这个问题来帮助下属回忆整个倾听过程最核心的东西。管理者可以说："你觉得，今天的谈话，对你而言有意义吗？""你觉得今天的谈话中，最有价值的东西是什么？"

总之，在倾听的过程中，想要下属接触到问题的关键所在，管理者一定要多提问题，少发表观点，才能引导对方思考，让对方越说越多。

7. 巧妙地表达不同意见

在倾听过程中，难免会出现管理者和下属观点相悖的情况。由于提出不同的意见和观点是建立在否定他人的意见之上，而管理者急于提出自己的不同意见往往会令下属感到难堪，甚至导致争论出现，不利于彼此之间的沟通。

李林是一名广告策划，业务能力极强。在一次广告策划案的交流过程中，他和部门经理出现了较大的分歧，李林在介绍完自己的构思以及针对消费群体作出的细节变动时，部门经理忍不住打断了他的话："我认为你的出发点完全错了，应该从商品为消费群体带来的价值出发，而不必过于将它标榜成某一特殊群体的必需品。你现在的问题很大，你要懂得如何从客户的角度出发，尽量做到利益最大化，不要添加太多的个人色彩。"

李林当即反驳说："如果每一件商品的受众都要覆盖到大部

第七章
共情式倾听，满足需求赢得信任

分人，那它又有什么优势可言，针对性是为了凸显它特殊的价值。我做这一行已经十多年了，我相信自己对市场的洞察力。"

部门经理解释说："我从未怀疑过你的能力，但我们毕竟为客户考虑，不能由着自己的性子来。"

李林毫不领情："我相信我自己的判断，对不起，对于您的观点我无法接受。"

当管理者与下属的意见相左时，如果管理者担心产生矛盾而选择沉默，就只能看着对方一错再错，失去拨乱反正的机会。但如果管理者直接提出不同的意见，容易使下属产生抵触情绪，无法达到预期效果。因此，想要倾听过程保持一个和谐美好的氛围，管理者就需要掌握表达不同意见的技巧。

管理者在表达异议之前，需要认真倾听下属的意见，切不可在下属发言期间打断对方。相反，管理者需要鼓励下属充分地表达意见，为自己发表不同意见进行铺垫，让对方意识到管理者是耐心听取自己意见之后得出的看法。如果执意争论就会使沟通的气氛变得紧张，无论管理者选择什么样的表达方式，都会被认作为是带有主观性的反驳。

懂得倾听是管理者表达不同意见的前提。而想要在表达不同意见时，不会遭到下属排斥和反感，管理者可以尝试以下几种方式。

欲抑先扬

肯定对方意见中合理的部分，再提出自己的不同意见。比如，针对客户要求，下属提出了自己的方案，管理者不妨这样说："你的方案构思很好，而且对市场的分析也很准确。我认为如果我们再多关注一点客户所顾忌的方面，也许会使方案变得更加完善，比如……"

直接表达自己的意见存在否定的意味，容易使沟通气氛变得紧张，以至于迫使下属不肯放弃自己的观点。而肯定对方的意见，再提出更加完善的意见会显得公正和客观，易于对方接受。

以商量的口吻

管理者以一种商量的口吻表达不同的意见，能够避免因绝对的语气，让对方产生侵略感或不尊重感。比如，"你的观点是从这个角度出发，我觉得是不是可以这样？说不定这样也不错，你觉得呢？""我们是不是可以换一个角度来看待这个问题？你看这样行不行？"等。

"商量"给予了对方足够的尊重，即使对方依然坚持自己的意见，也会出于尊重而慎重考虑管理者提出的意见。

以为难的姿态

在倾听过程中，当管理者需要表达不同意见时，可以表现出一副欲言又止的姿态。下属就会意识到管理者与自己的意见分歧较大，心理做好被否定的准备，开口询问："您是不是有什么不同的意见？不妨直说。"

这时，管理者就可以直接表述自己的意见："确实，我有一个别的想法。针对这个方案，我认为……"情感的率先交流避免了言辞的直接交锋，它是一种退让，让下属去主导外界的不同意见，以维护下属的心理平衡。

分析利弊

以对方观点所导致的不良后果为基础，提出自己的意见。管理者不必直接否定对方的意见，通过分析利弊来引导对方自我否定。一旦对方意识到自己观点的局限性，就更容易接受其他人的意见。在这个过程中，管理者一定要注意，分析利弊务必实事求是，有理有据，切忌无中生有，随意夸大影响。

以借鉴为警示

管理者可以借助其他人的意见和行为来替代自己的意见。但这种意见一定要与当前的主题相关联，或是对方熟悉的已经明确的实例，证明管理者是有的放矢，增强说服力。

比如，管理者可以说："以前，小张他们也做过这样一个案子，他们就是这样处理的，结果很不错，我们是不是可以借鉴一下。"

即使管理者不认同下属的观点，也要尊重他们的思考成果。如果管理者能够顾及下属的颜面，将他们置于一个平等的地位，甚至让对方有一种被尊重的感觉，对方就能够敞开心胸，接受不同的意见。

第八章
提升共情力的八项修炼

共情力的提升和修炼，从专注力、观察力、自控力、敏感力、尊重力、理解力、换位思考力和自我觉知力8个方面，将管理者在工作中所面临的困难层层展开，深入剖析，有针对性地给出实战技巧，帮助管理者利用"共情"解决工作中的种种难题。

1. 专注力修炼：放下手机，把目光放在下属身上

根据统计机构Counterpoint Research的一份报告显示，全球超过一半的人每天要花费5个小时使用手机。人们在利用手机方便生活的同时，也会被手机上的各种服务所吸引，比如，娱乐八卦、手机游戏、聊天软件等，从而分散注意力。

深度思考需要集中注意力，必须花费整段时间来思考，但手机让人的注意力和思考时间变得零碎。日常生活中完成一项任务时，不少人在清晨或者深夜的效率高，本质原因是不被打扰，精力相对集中，可以进行深入思考，白天的时间，却容易被杂七杂八的小事所打断，从这个角度出发，不少事情的解决需要注意力的高度集中，但手机的存在让这件事变得不可能。

如果管理者长期受到手机等电子设备的影响，共情能力就会不断降低。因为手机中的距离感无法使管理者感受到对方的真实情绪。比如，当你走在路上，看到一个男人皱着眉头坐在

路边，手中拎着一瓶啤酒时，你会认为他肯定在为某些事情发愁。被公司解雇？和女朋友吵架被赶出家门？还是家里遇到了什么困难？这种能够感知对方的情绪和想法、理解对方的能力被称之为共情。但如果这种情况出现在手机上，人们对"拎着酒瓶的醉汉"通常不会有什么感觉，甚至还会产生厌恶的情绪。

为什么在面对面沟通中，人们更容易理解对方的感受并做出相应的反应？是因为在面对面沟通中，可以通过对方面部的细微表情，言语中语气的变化，去获知对方的情绪。而在脱离现实的网络上，人们的注意力只会紧紧地吸附在电子设备的屏幕上，察觉不到对方情感上的变化。久而久之，这种社交就会使人们丧失目光接触和察觉细微非语言信息的能力。

比如，以下两段对话所产生的不同沟通效果。

管理者："你知道吗？当初我在做普通职员的时候，根本不计较工作有多少，几乎每天都在加班，这其实是对能力的一种锻炼。"

下属："确实是，重复性工作也是一种经验的累积。"

管理者："所以说，你们不能抵触加班，它在给你带来利益的同时，还能提升你们的技巧熟练度，你说对不对？"

下属："嗯，您说得对。"

在沟通之初，管理者以一种说教的姿态进行沟通，虽然其目的是告诉下属，加班也是对自身能力的一种提升，并以自身经历为案例来鼓励下属接纳加班这件事。然而，管理者的关注点始终放在对自身经历的吹捧上，而忽略了下属当下的真实感受，导致沟通在下属的不断敷衍中结束。

如果管理者将注意力放在下属身上，表示出对他的兴趣，就更利于两者之间情感的交流。

管理者："最近公司的业务比较多，你们最近一段时间一直在加班，怎么样？是不是感觉有点累？"

下属："累是肯定的，不过加班有相应的补贴，也不会太过勉强。"

管理者："你对加班有什么看法？"

下属："我觉得加班这件事，领导应该给员工足够的自由，不应该总是强制性要求。有的人看重利益，就能够接受加班，有的人看重生活，就会排斥长期的加班，比如像我这样的。"

管理者："针对加班这件事，你有什么样的建议？或者说如果出现这种情况，你觉得怎么做是合理的？"

下属："我觉得如果需要加班的话，领导应该先征求大家的意见，筛选出主动加班的人选，然后按照顺序安排不愿加班的人。而且，我也希望领导减少每天早会的时间，偶尔说一些激励的话没有问题，但每天都讲一些励志的话，实际上没有人能够听进去，倒不如把时间留给工作呢。"

因此，管理者不妨放下手机，无论是下达指令或者日常沟通，尝试与下属相对而坐。真正地去关注下属，关心下属，对下属感兴趣。真正优秀的管理者，懂得把下属放在心上。

如果你不知道如何开口？那就先向对方提问，问一些让对方骄傲的问题。立足于对方本身提问，对他本人感兴趣要比对他的工作、收入感兴趣更让他开心。或者他主动聊什么，你就问什么，对方主动提及的事、反复炫耀的东西等。当然，你还要给予对方反馈：眼神有交流、精彩有共鸣、赞同有点头。不用刻意为之，当你有心关注某个人时，自然而言会产生这种单纯、强烈的好奇心。投其所好是善良、让人舒服是修养，两者结合就是共情的体现。

当你欣赏完对方的故事，对方自然而然也会询问你的故事。因为当人们感觉自己被喜欢时，会产生一种回馈的情感，我们总是会喜欢那些我们认为喜欢我们的人。此时，你就可以毫不隐藏地表现自己了。

2. 观察力修炼：3分钟读懂他人需求

每个人都存在各种不同的需求，有物质层面的，也有精神层面的。如果管理者想要提高团队的凝聚力和执行力，推动团队长期稳定发展，就需要读懂员工的需求，并满足这些需求，这也是一个优秀管理者的必备能力。

一些管理者总是抱怨自己在进行物质或非物质激励时，起不到应有的作用，甚至有时候还会适得其反。其根源在于管理者忽视了员工的真正需求，以主观意愿为他们谋取发展，最终与员工自己的想法南辕北辙。

那么，员工存在哪些基本的需求呢？根据马斯洛需求理论分析，人的需求往往是从低层走向高层的。在一个团队中，不同的成员会处于不同的需求层次，对需求的强烈程度也有所不同。这些需求大致可以分为五个层次：生理需求、安全需求、归属需求、尊重需求和自我实现的需求。

生理需求

生理需求是指人对水、食物、空气的需求，也可以解释为对物质生活的需求。当员工的生理需求没有得到满足时，往往会放大对这种需求的渴望，从而导致思考能力和执行力变弱。一般来说，只有物质生活得到保障的员工，才更容易安心投入工作，更容易和团队谋求共同发展。

安全需求

安全需求是指人希望人身安全得到保障，拥有和谐稳定的工作和生活环境，避免遭受疾病和来自外界的威胁。当员工的安全需求无法得到满足时，就容易出现不满情绪，导致消极怠工行为的出现。比如，员工在团队中被孤立和攻击，自然就无法发挥他在工作中应有的价值，降低他与团队的关联度。

归属需求

归属需求是指员工希望与团队建立长期的和谐关系。每一个员工对自己的劳动价值都存在主观判断，一旦无法达到预期，就会对管理者和团队产生怀疑。团队凝聚力差的根源也在于此。因此，管理者在与员工沟通时，可是适当插入一些个人生活问题，对心中迷茫的员工进行开导和鼓励，使其产生归属感。

尊重需求

尊重需求是指员工希望被认可和赞扬的需求。一些管理者经常批评员工，看不到员工的进步和努力，就是一种无视员工尊重需求的行为。当员工的尊重需求无法得到满足时，就很容易丧失信心，从而在工作上变得畏首畏尾。

自我实现的需求

自我实现的需求是指员工对名声、成就、地位和晋升机会的需求。如果管理者无法给予员工满足拿到高薪和高职等需求的空间和可能，就会使他们对管理者和企业失去信心，看不到自己的职业前途，从而促使他们离职或跳槽。

对于管理者而言，可以通过横向和纵向两个角度来了解员工的需求。从纵向看，只是层次不同、薪酬层次不同的员工，自身需求的侧重点也就不同。对于薪酬较低的员工，管理者需求关注他们的生理需求和安全需求，即提高他们的生活水平和工作环境或氛围。而对薪酬较高的员工就要关注他们对尊重需求和自我实现的需求。

从横向看，管理者可以针对员工的性格和生活环境的不同，判断他们需求的侧重点。一些员工格外看重物质待遇；一些员工注重精神上的成就感；一些员工学习欲望比较强烈等。比如，刚入职的员工大多希望获得能力上的提升；家庭条件较差的员工希望多赚钱；一些拥有优秀家庭条件的女性员工，希望更多的时间来照顾家庭等。

无论从哪个角度进行分析，管理者都需要从日常的沟通交流中获得员工的需求信息。茶水间不经意间的谈话，午休时的闲聊等都是获取信息的途径。只有洞悉员工的真正需求，并加以满足，才能让员工热爱工作，提高整个团队的凝聚力和执行力。

3. 自控力修炼：学习驾驭自己的情绪

愤怒会使人丧失理智，使原本能够妥善解决的问题变得困难，一旦在沟通中失去耐心，情绪就会变得急躁，交流就会出现问题。其实，不只是愤怒情绪，任何情绪只要过于激动都会影响到沟通，如果无法掌控自己的情绪，将是一件十分可怕的事情。

1994年，戴尔集团的总裁迈克尔·戴尔访问日本的索尼公司，对技术转让问题进行了洽谈。但索尼公司根本没有诚意，导致戴尔在东京逗留一个多星期一无所获。

在最后一次会议上，戴尔依然没有达到自己的目的，为此他十分恼怒。在离开索尼公司后，他被一位男子拦住："戴尔先生，我等你很久了，我是做能源的，很想和你谈一谈。"

戴尔正想以"别烦我，我没心情和你谈任何事情"拒绝对方时，他突然意识到自己的负面情绪是不对的。于是，戴尔稳定了自己的情绪，微笑着说："不管谈什么，我们还是先找个沙发坐下来再说吧。"不久之后，戴尔的"锂电池"笔记本电脑开始全面上市，轰动了世界。

后来，迈克尔·戴尔每每提起这段经历，都深有感触："良好的机遇从来不会以一种诱人的姿态出现，而是带着烦人的面具出场，幸好当时我没有带着坏情绪讲话，否则这个好机会就会被我亲手拒绝掉。"

优秀的管理者一定要懂得驾驭自己的情绪。情绪产生变化的原因分为外因和内因，外因是指外界给予的刺激，而内因是指本人对事情的认识和持有的态度。但是，情绪产生的关键并不在于发生了什么，而在于人们如何去解读这件事，任何情绪都是源于自我。

大多数管理者习惯将情绪的责任丢给下属，比如，当下属出现某些失误时，管理者会批评说："公司为你提供了这么好的条件，为什么你总是完成不了业绩？""这么简单的问题换谁都能够做好，为什么你总是做不好？"等。这种情绪会因上下级关系的存在而变质，一方面权力意味着势差，代表一种强迫；另一方面权力也意味着隔阂，彼此立场不同。这种潜在的含义，会使下属面对管理者的负面情绪时变得更加抵触，使彼此之间的沟通变得更加困难。

那么，作为一个管理者，该如何驾驭自己的情绪呢？

察觉自己的情绪

管理者在驾驭自己的情绪之前，首先要懂得察觉自己的情绪。比如，当下属因拖沓导致工作进度缓慢时，管理者在批评之前，可以询问自己："我为什么要这么做？我现在是什么感觉？"当管理者意识到自己的情绪时，就能够对自己的情绪作出更好的处理。当然，管理者也不必时刻压抑自己的情绪，因为压抑会使负面情绪在长期的积累之下达到顶峰，一旦爆发就会失控。

调节自己的情绪

在开口之前，管理者可以通过一些方法调节自己的情绪，避免口不择言。比如，意识调节，一个人的意识能够调节情绪的发生和强度，当管理者意识到自己情绪波动的根源后，就可以尝试改变自己对当下事件的态度，从而调整自己的情绪。

语言调节，语言是影响一个人情绪的工具，这也是为什么大多数人会通过语言来发泄内心的情绪。管理者可以通过"制怒""平静""淡定"等可视性文字或语言来缓解内心的情绪波动。

转移注意，将注意力从负面情绪转移到其他地方。例如，俄国文豪屠格涅夫劝告那些喜欢争吵的人："在发言之前，应该先让舌头在嘴里转十圈。"

宣泄自己的情绪

宣泄情绪的方式有很多种，比如，通过深呼吸的方式使自己平静下来；通过打球、散步等运动消耗能量；通过向他人倾诉，将内心的负面情绪释放出来等。

其中，对管理者来讲，最恰当的方式就是将自己内心的不满或愤怒写出来。一位陆军部长遭到侮辱之后，林肯建议他写一封辱骂对方的信作为回敬，当他写完之后，林肯制止了他寄信的行为，并告诉他："写信的目的就是为了解气，如果你还生气，那就继续写，写到自己舒服为止。"而宣泄情绪的目的也是如此，给管理者一个清理想法，自我疏导的机会，从而使他们能够更加理性地看待下属的失误。

在沟通过程中，如果无法控制自己的情绪，一味将自己的负面情绪宣泄在下属身上，即使事后的安慰和鼓励能够缓解下属内心的不满，但这些难听的话终究会在下属心里留下痕迹。只有学会驾驭自己的情绪，才能成为一个优秀的管理者。

4. 敏感力修炼：觉察他人情绪的蛛丝马迹

情绪是心理活动的组织者，对人们的行为有着不容忽视的影响。在职场中，员工的负面情绪会减少其投入工作中的精力和时间，降低工作效率，削弱员工的忠诚度。而一个优秀的管理者，一定要能够察觉到员工的情绪，并加以缓解和扼制。

一家银行的前台因为与家人争吵而充满怨气，在工作时，他总是回想吵架的过程，而管理者也并未在意这名员工的情绪变化，依然安排他在现金柜台进行业务操作。于是，他在为一名客户办理取款业务时，因放不下心中的烦恼而注意力不集中，导致未能认真核查现金的数额，多取出了一万元现金。而客户也因被联系退款事宜而心生不满，导致员工和管理者都受到了银行高层的严厉批评。

一些管理者习惯通过向下属施压来压制下属的反常行为，或者将下属的问题推给人力资源部处理。他们不在意或不愿面

第八章
提升共情力的八项修炼

对下属的负面情绪，担心耗费自己大量的时间和精力，甚至害怕自己的尝试察觉或处理情绪问题，会引起更为强烈的抵触反应。但下属存在的负面情绪，往往会影响到整个团队。因此，管理者一定要注意察觉下属情绪的蛛丝马迹。

一个人的情绪能够转化为一种特定的行为，比如，愤怒会促使人们作出一些辱骂、肢体冲突等带有强烈侵犯性的行为；沮丧会使人对身边的事物缺乏兴趣，丧失信心等。而这些情绪所带来的行为往往都不利于团队的和谐和工作的开展。

观察表情是察觉他人情绪的基本途径。表情语言在沟通过程中往往有着口头语言无法替代的作用，在没有刻意的掩饰下，表情语言就是人们内在情绪的体现。比如，怨恨、忧虑、愤怒、惊恐等情绪一般会促使脸部或眼部肌肉的活动。

眼睛是透露人的情绪最明显的途径。人们一般能够随意控制自己的外显行为，却无法对自己的目光做到有效控制，而人们的情绪变化会不自觉地从瞳孔的变化中反映出来。比如，当人接收到正面信息，出现开心的情绪时，瞳孔就会放大；当人接收到负面信息，出现反感的情绪时，瞳孔就会缩小。因此，管理者在与下属进行沟通时，可以通过观察下属瞳孔的变化来判断对方的情绪。

面部信息更容易判断对方的情绪，比如，皱眉、撇嘴、白眼等直观的面部表情。但是，面部表情的伪装性很强，研究发现，在大笑、微笑和轻笑中，只有大笑所暴露出的情感才是真实的，而微笑则更像是一种社交礼仪，难以表达真实的情感。而管理者在接收面部表情时，一定要与肢体动作、语调等因素相结合，避免忽视下属的潜在负面情绪。比如，当下属工作或行为反常时，脸上依旧带着笑容，管理者就需要深层次挖掘下属的内心情绪。

　　口头语言和动作同样能够暴露一个人的情绪。比如，当人在说谎时，除了回答他人的问题，还会不断重复自己的话，并伴随摸脖子、摸鼻子等小动作；当人在难过时，身体会不自觉地给自己一些安慰，如摩挲手背或手臂；当人在反感时，会出现揉眼睛、眼神飘忽等行为。

　　除此之外，管理者也可以在沟通中观察下属的回应。如果管理者向下属安排一项任务时，对方一直回应"哦""好的""知道了"等看起来比较随意的口语，甚至在沟通任务细节时，依然保持这种状态，这就意味着下属对这项任务不感兴趣或者反感这项任务。同时，管理者也要懂得通过感知周围的气氛来判断下属的情绪，比如，当管理者在向下属讲述公司的前景或说一些鸡汤类的话时，如果整体的会议气氛低落或凝重，那就意味着下属对管理者所描绘的前景或鼓励的话并不感兴趣。

　　在察觉下属的负面情绪之前，管理者可以通过情绪预警机制来判断下属是否出现了负面情绪。比如，员工投入到工作中的时间和精力减少；团队可自行决定参加活动的参与度下降；迟到、旷工和离职率等硬数据指标等。这时，管理者就可以通过沟通来判断对方是否存在负面情绪。

在一个团队中，不良的情绪、过度的情绪反应以及对情绪过度放纵导致的不理智行为，都是导致工作出现失误的根源。对管理者而言，对情绪进行合理的管理和引导，才能实现团队和个人的相互促进。

5. 尊重力修炼：接纳差异，包容不同

在职场中，"隐性偏见"是大多数管理者经常忽视的一个问题，它并非主观故意，而是受环境或个人言行举止影响的一种"歧视"。这种"歧视"往往会使管理者和下属之间的沟通和交往产生不利的影响。

职场中的歧视屡见不鲜，对于女性而言，受"歧视"的程度尤为明显。"你如何平衡事业和家庭？"是大多数女性在职场中经常被问及的问题，其中婚育问题备受关注，因为企业需要承担产假员工的全额薪资，人工成本加倍。这就使得管理者在面试和选拔时，综合人力成本以及资源分配的考虑，选择剥夺女性平等择业或晋升的权利。除此之外，即使没有家庭因素的束缚，女性也经常会由于"情绪化""不可靠"等标签遭到歧视，比如，女性无法获得晋升的理由，竟然是管理者担心一位女领导无法在下属面前建立权威；日剧《不结婚》中，从事室内

设计多年的大龄单身女性遭到降职的原因,却是被怀疑"自己生活都不幸福,怎么能设计出让家庭幸福的装饰?"。这种源自社会刻板印象的偏见,往往会使女性在工作中有一种压力感和孤立感。如果管理者不能意识到这一点,极易引起女性下属的不满。

除了性别歧视之外,还有地域歧视、学历歧视、年龄歧视,甚至姓名歧视、相貌歧视等。这种歧视或隐藏,或公开,都是职场中管理者与下属之间出现矛盾冲突的根源。

受"隐性偏见"的影响,一些管理者往往总是不由自主地对下属进行年龄、性别、学历上的划分,或者没有缘由地对某些下属产生反感情绪等。这种偏见的结果就会导致职场中不公平、不合理现象的产生,从而影响大多数员工的工作积极性,也会为管理者的管理带来不良的影响,引发恶性循环,最终致使团队缺乏合作,贻误工作的开展。

所以,管理者一定要懂得接纳差异,包容不同,才能够让下属感受到管理者的尊重,利于彼此之间的沟通和相处。

避免先入为主

网络上的地域"妖魔化",一些独特的案例都容易使人形成刻板印象,导致出现先入为主的偏见。管理者一定要避免将一些道听途说的印象作为判断依据,而是要更加全面、理性地对一个人的能力作出分析。无论下属的性别、籍贯、年龄如何,都要给予对方足够的理解和尊重。

避免循环证实

一个人对他人的偏见过于强烈，久久不能消除，并通过一些相应的证据进行确认，这一结果是受到了循环证实的影响。比如，管理者以偏见对待下属，而对方也会对管理者产生敌意，这就会使管理者认为自己的判断是正确的。造成这种情况的主要原因，就在于他们只看到了对方身上的缺点和不足，并逐渐将这种缺点和不足标签化和扩大化。事物之间因为不同而存在着矛盾和冲突，接受不同事物的过程，就是化解矛盾和冲突的过程。所以，管理者在确认自己某一个观点时，一定要思考是否存在主观偏见。

提高知识修养水平

偏见是无知和愚昧的产物，一个人知识修养水平越高，观察和分析问题的能力越强，也就越不容易出现偏见。反之，则容易被流言蜚语和道听途说所迷惑，对人形成偏见。而管理者一定不要故步自封，不断提升自己的知识修养水平，开阔眼界和格局，才是正确的选择。

总之，解决"歧视"的最好方法，就是能够感同身受，包容和接纳他人的不同，用一种欣赏的眼光看待对方独特的美。只有这样，才能真正实现人与人之间的尊重和理解。

6. 理解力修炼：体谅他人的能力

每个人都对理解存在需求，渴望他人能够体谅自己的难处，宽容自己的错误。在职场中，管理者对下属的理解尤为重要，一方面它能够缓解工作中的矛盾，消除下属的负面情绪；另一方面可以增强团队的凝聚力和向心力，促进企业的发展。

事实证明，管理者想要获得下属的敬重和好感，理解和体谅一定是极具成效的方法。一些管理者之所以无法做到理解和体谅下属，是因为他们过于在意当下工作的质量和可能出现的风险。比如，一名员工因家庭原因请假，而他的工作就需要交给其他同事，服务的客户、对接的商家都让接手的同事感到陌生，导致工作效率低，客户满意度差。但实际上，这种情况发生的频率并不高，管理者公事公办本质上并没有错，不过却会引起下属的反感情绪，甚至当对方回归岗位之后，变得消沉和怠惰。理解下属，体谅下属，不仅仅是为了避免下属产生抵触情绪，更是建立互相理解的基础。

面对下属的错误时也是如此，就像波特所说："总盯着下属的失误，是一个领导者最大的失误。"人们总是在不断接受经验和教训中逐渐成长的，当下属在工作中出现失误时，如果管理者能够给予理解和体谅，不仅能够树立管理者的威信，还能收获下属的感激，使得工作开展更加顺利。

一般来说，管理者声色俱厉地批评犯错的下属，甚至不惜破口大骂，是为了在整个团队中起到杀一儆百的作用。然而，过于关注下属的错误，尤其是一些微不足道的失误，往往会挫伤下属的工作积极性和创造性，甚至出现对抗情绪。反之，如果管理者能够体谅下属的难处，宽容下属的失误，会使下属在感动之余，工作更为卖力。

比如，一家公司的技术员正在研究一款新产品，为了提高产品的质量，技术员尝试修改数据并对相应构件进行调整，结果却适得其反，导致产品质量下降。如果管理者严词批评，并强制要求下属不许修改文件数据，在加重下属负罪感的同时，也会打击下属的创造力，使得整个团队在按部就班中逐渐失去活力。而如果管理者不仅表示理解，还对下属的努力和尝试表示肯定，就能够大大提高下属的工作积极性和创造力。

管理大师杰克·韦尔奇曾说："领导者如果过于关注下属的错误，就不会有人敢于尝试，而没有人勇于尝试比犯错误还可怕。"所以，一个优秀的管理者一定要对下属保持一种宽容的态度。

在职场中，管理者的理解和体谅，能够消除下属对自己的敌意。人与人之间的误会往往是由于情绪的对立导致抵触心理所致。如果管理者懂得善解人意，体谅对方，在收获好感的同时，还能够使对方"投我以木桃，报之以琼瑶"，从而化解彼此之间的对立情绪。而且，这一举动能够促使沟通双方互相理解。当出现矛盾时，如果管理者首先能够从对方的角度考虑问题，对对方的行为或处境表示理解，并积极配合对方将问题解决，那么，下属也更愿意从管理者的角度看待问题，促进之后的沟通和相处。

但是，管理者也要注意，宽容和体谅并不意味着毫无底线。一个拥有共情能力的管理者，在与下属相处时，往往会着眼于对方的困难和能力，并不单纯以结果作为评判标准。同时也要设定一个限度，对于微不足道、有利于下属发展的问题，应该给予理解和宽容，但对于那些原则上的问题，管理者不可后退一步。

7. 换位思考力修炼：站在对方的角度思考问题

职场中，很多矛盾都源于双方不了解彼此的立场。由于生活环境或教育程度不同的影响，导致每个人的思维方式和行为习惯都有所不同，也就很难真正去理解对方的感受。只有懂得站在对方的角度上思考问题，体谅对方的难处，做到感同身受，才更容易产生共情。

销售部经理贺兰，费尽心机拿下了一位大客户，并计划在周五之前签好合同。他担心夜长梦多，一直催促财务部的进度，但直到周四，项目合同依然卡在公司的首席财务官那里。

经过几次沟通，依然没有得到明确的回应，他便跑到财务部兴师问罪，大闹一场。最终，公司高层不得不出来调解争端，发现合同延误的原因是公司的财务部发现合同中存在一些付款上的风险，财务部同事正在和法务进行沟通调整。

销售和财务站在不同的立场，销售的重点放在快速签单，提升绩效上；而财务的关注点是控制风险。双方都是从自己的角度考虑问题，缺乏换位思考，从而导致共情缺失，争执在所难免。类似的冲突在工作中屡见不鲜，同事之间会因为合作不畅产生冲突；员工和领导之间会因为任务完成效果不佳产生冲突；部门之间会因为配合失误产生冲突等。

一个人如果只是站在自己的立场上说话，看似义正词严，实际上太过主观，完全没有考虑对方的需求或感受。比如，二战时期，美军与降落伞制造商之间的矛盾。制造商表示自己已经尽了最大的努力，而且降落伞99.9%的合格率已经趋近于完美，100%的合格率根本就不可能实现。但最终，降落伞的合格率还是变成了100%，因为美军要求制造商从每一批的降落伞中抽取一个亲自测试。当制造商身临其境地体会到降落伞质量对伞兵的重大意义时，才意识到即使0.1%的概率也有可能让一名伞兵失去生命。

换位思考是人与人之间和谐关系的最佳润滑剂，也是让人感觉舒服，直指人心的沟通方式。当人们懂得设身处地为他人着想时，就能够迅速消除矛盾和对抗情绪。

卡耐基计划租用一家旅馆的礼堂进行演讲，但在演讲的前一天，他被告知礼堂的租金要涨三倍。而此时，卡耐基的前期工作已经准备就绪，无法临时更换演讲地点。

于是，他找到了旅馆的经理说道："当我收到您的通知时，我感到十分震惊，但我并不会责怪您。因为换作是我，也会这样做的。作为一家旅馆的经理，其职责一定是尽可能地为旅馆赚更多的钱。"

他继续说道："但我想跟您谈论一下这件事的利弊。虽然您将这个礼堂出租给我，能够获得一大笔收益，但如果我因为您加了三倍的租金而放弃这里，另寻一处适合演讲的场所，那对您来说就是一笔很大的损失。除此之外，您还有另一项损失，那就是我的演讲会吸引一批受过高等教育而有教养的人到您的旅馆，这将是一个非常好的广告，即使您花费几千美元在报纸上刊登广告，也不能像我在您这儿演讲一样吸引这么多人来光顾您的旅馆，这种效果是非常有价值的，不是吗？"

最后，卡耐基先生诚恳地说道："希望您能够认真地考虑一下我刚才说的话，然后再告诉我最后的决定。"第二天，旅馆经理就收回了涨价的要求。

卡耐基在说话时并未以"我"的角度去和他人沟通，反而站在对方的角度上分析对方的利弊。这种换位思考的沟通方式会让对方认为你是在为他考虑，自然而然乐于接受。

当管理者无法理解下属的所作所为时，切不可在沟通过程中想到什么就说什么。同时，管理者在表达自己的想法时，尽量照顾到对方的情绪，话不可说尽。

基于每个人的生活经验和眼界阅历的不同，管理者更需要置身于对方的处境中，多站在对方的角度考虑，当问题出现时，应该如何以更加理性的角度出发来想问题。在管理者了解对方思维方式和形式规律后，再表达自己的顾虑，更容易使双方互相理解，才有利于彼此之间的沟通。

换位思考不仅能够避免走进主观思维的"死胡同"，还能帮助人们相互理解和接纳。如果管理者在与下属进行沟通时，懂得换位思考，那么管理者就更容易为理解和说服下属创造更有利的条件，从而达到自己的目的。

8. 自我觉知力修炼：给自己一点停顿的时间

所谓自我觉知力，是指人们将自己置身于注意对象时的心理状态，从而根据自己内在的标准和价值观，来对"自己"现在的行为进行评价和比较。简单来说，就是站在对方的角度观察自身行为。

自我觉知力的作用在于，它能够从根本上切断消极思维和消极情绪的联系。如果管理者将一个消极想法仅仅当作是一个想法来接受时，就不会因为消极情绪的存在而放大这种想法。如果管理者拥有较高的自我觉知力，就能够在与下属相处中为自己留出一点停顿的时间，避免因个人情绪出现不合理的行为，而提高自己的共情力。

自我觉知力就像下棋、弹琴一样，是一种后天习得的技能，通过修炼能够使管理者有意识地改变大脑的工作方式，降低与消极情绪有关的思想活动。

当管理者在批评或指责别人时,可以将自己置身于对方的处境,形成一种"我"在批评"我"的状态。在这个过程中,管理者可以不断询问自己:"我看到了自己的什么过失""我体会到自己有什么样的感受""我领悟到自己在批评或指责什么"等。如此,管理者就会发现原来自己只是在引导对方看到他的缺点,而忽视自己在行为上的不足。

当管理者在接受员工的抱怨时,可以深入感受对方的愤怒和不满,并告诉自己不要试图去证明对与错,从而感同身受地体会对方的情绪,接纳对方的情绪。

当管理者与员工发生冲突,并相持不下时,管理者可以从自我中抽离出来,以第三者的身份来看待两方的行为,并询问自己:"我在计较什么""我在害怕失去什么""我渴望从这场争论中得到什么"等。这就会使管理者意识到,渴望赢得争论,是因为自己主观意识中希望维护自身的权威性,其根本目的不在于事情的对错。

当管理者无法忍受员工的行为或缺点时,可以告诉自己"当自己无法忍受对方的缺点时,就是无法忍受隐性自我的缺点",而管理者就会意识到,无法容忍员工的缺点,正是自己不懂得包容和接纳的缺点。

当管理者欺瞒或敷衍员工时,可以扪心自问:"哪些事是自己不该做而去做的""哪些事是不想让对方知道的",进而逃脱不断创造谎言来掩饰自己的困境，真诚且正直地面对自己，面对他人。

当管理者在因伤害别人而无法宽恕自己时，可以询问自己："通过伤害，我可以报复什么""通过伤害，我又可以得到什么"，最终使管理者意识到自己只是无法宽恕曾经伤害过自己的人，从而无法宽恕自己伤害别人的行为。

当管理者在受到伤害而无法原谅对方时，可以询问自己："为何是我来感受""为何是我受到伤害"，通过自己深刻的伤痛来感受对方的痛，使管理者明白自己不过是在用这种方式，来使自己记起被伤过的感受。

当管理者在同情他人时，可以率先审视自己内心的动机，是否存在想要表现自己，否定对方，或者通过帮助行为来贬低对方能力的意图，并检查自己是否做到了尊重别人。从而，管理者就能够发现，同情不过是自己渴望通过贬低别人来满足自己，通过一种帮助的姿态来贬低别人的能力。

当管理者无法原谅别人，并表示气愤时，可以询问自己："不能原谅自己的什么事""自己在生气自己的哪些问题点"，而管理者会发现自己的气愤不过是逢场作戏，将愤怒的情绪展示给对方，也展示给自己，其目的只是为获得他人的认可以及表达自己的情绪和感受。

当管理者在为自己的行为进行辩解时，会清晰地认识到自己不过是无法面对自己的缺点。管理者可以不断告诉自己："辩解只是逃避面对的手段，不要再辩解了，好好面对自己吧。"

总而言之，管理者要习惯看待人与人之间在交往过程中的冲突以及建立的对立关系，意识到所有的一切都是由自己的心念所引起。一旦管理者的内心没有自我的概念，看待一切事情和问题，都将保持一种客观性。